当代中国教育改革与创新书系
总主编　朱永新

国家出版基金项目

当代中国教育
走在建设教育强国的路上

Education in Contemporary China
Building a Powerful Country in Education

朱永新　主编
项贤明　副主编

中国人民大学出版社
·北京·

本书系全国教育科学规划 2019 年度国家重点项目"新中国成立 70 年教育发展的历史阶段及其特征与经验研究"（课题编号 AAA190005）的成果

总　序
见证中国教育的成长

改革开放 40 年以来，中国发生了翻天覆地的变化。40 年前的 1978 年，中国的国内生产总值（GDP）只有 3 600 多亿元；2017 年，中国的 GDP 达 827 122 亿元，增长了近 230 倍。中国奇迹、中国速度、中国故事，已经成为世界关注的重要话题。

在中国奇迹、中国速度的背后，中国教育的贡献是不言而喻的。如果没有中国教育为中国经济的发展提供重要的人力资源与智力支撑，这一切是不可能发生的。但是，中国教育一直没有引起真正的关注，直到一个偶然的事件，中国教育才为世界所瞩目。

2009 年，上海学生代表中国首度参加经济合作与发展组织（OECD）的国际学生评估项目（Programme for International Student Assessment，PISA）就拿了一个大满贯，包揽了数学、阅读和科学 3 个冠军。2013 年，上海学生以数学 613 分、阅读 570 分和科学 580 分的成绩，在所有 65 个国家（地区）中位居第一，再次夺魁。这一次，86.8% 的上海学生的成绩达到或超过 OECD 的平均成绩 494 分，呈现出上海义务教育校际差异小、均衡程度高的特点。一时间，"养在深闺人未识"的中国教育成为世界教育的焦点。许多关注中国教育的人不断追问："上海为什么能？""中国教育到底有什么秘密武器？"

一直埋头学习别国教育的我们，也开始仔细地打量自己。有着重视教育的深厚文化传统的中国，这些年来，在"穷国办大教育"的背景下，用世界最快的速度推进了学前教育，普及了义务教育，实现了高等教育的大众化。中国教育的悄然变革，让我们也重新认识了自己。

在国家教育投入上，国家财政性教育经费投入连续多年占GDP的比重达4%以上。2016年全国教育经费总投入已达3.89万亿元，其中国家财政性教育经费投入首次超过3万亿元。

在教育普及上，2016年，中国的学前教育毛入园率为77.4%，小学净入学率为99.9%，初中毛入学率为104%，九年义务教育巩固率为93.4%，高中阶段毛入学率为87.5%，高等教育毛入学率为42.7%。这些数据均超过中高收入国家的平均水平。

在信息化建设上，全国中小学生基本实现了电子学籍管理，各级各类学校互联网的接入率，从2012年的20%左右，增加到2017年的90%多。6.4万个教学点实现数字教育资源全覆盖，惠及400多万偏远农村地区的孩子。

在推进教育公平上，90%以上残疾儿童享有受教育机会，80%以上的农民工随迁子女在流入地公办学校就学。全国2 379个县（市、区）通过了义务教育发展基本均衡督导评估，约占全国总数的81%，11个省份整体通过。高考录取率最低省份与全国平均水平的差距从2010年的15.3%缩小至2017年的4%以内。

在教育国际化上，我国已成为世界第三、亚洲最大的留学目的国，来华留学人员突破44万人，生源地国家和地区总数为205个。80%的出国留学人员选择了毕业后回国发展、为国服务。我国已与188个国家和地区建立了教育合作与交流关系，与46个重要国际组织开展了教育交流，与47个国家和地区签署了学历学位互认协议。

我们每个人都见证了中国经济的高歌猛进和中国教育的快速成长。40年来，中国的教育成就是全方位、开创性的，中国的教育变革是深层次、根本性的。从"有学上"到"上好学"，从普及教育到均衡发展再到内涵发展，从教育大国迈向教育强国，中国教育进入了一个新时代。

在看到这些成就的同时，我们也要清晰地意识到中国教育面临的困难与问题，看到人民群众日益增长的对于美好教育的需求与我们教育自身发展的不均衡不充分之间的矛盾，看到中国教育与世界先进国家教育之间的差距。

看到，是一种见证。见证，是为了建设。这就是我们编写"当代中国教育改革与创新书系"的初衷。一方面，我们希望通过这套丛书系统总结中国改革开放40年以来教育发展的经验和教训，梳理我们在幼儿教育、基础教育、职业教育、高等教育、国际教育，以及区域教育改革和民间教育实验等方面取得的成果；另一方面，我们希望把中国教育正在发生的故事介绍给世界，让世界了解真实的中国教育,并在与世界交流的过程中丰富和完善我们自己的教育。

"当代中国教育改革与创新书系"是一套开放的丛书,既有宏观层面的研究,也有微观层面的叙事。丛书既囊括了荣获首届"基础教育国家级教学成果奖特等奖"的情境教育,又分享了在全国具有广泛影响力的新教育实验的最新成果;既介绍了在科技不断发展和互联网革命背景下不断快速发展的职业教育、国际教育,也总结了日新月异的家庭教育、学前教育进程;既以在 PISA 评比中崭露头角的上海教育为典型探讨了如何通过教师教育培训提升教学质量,也分析了海门作为县级市在改变区域教育生态方面所做的内容和制度创新。我们希望尽可能全面地反映改革开放 40 年以来中国教育改革与创新的成果,但由于多种原因,难免有遗珠之憾,因此,欢迎各个领域的专家积极联系我们,为我们出谋划策,提出宝贵建议,帮助我们发现优秀的教育案例与故事,也欢迎读者毛遂自荐提供相关的素材,更欢迎相关专家指导和参与这套丛书的编写工作。

朱永新

于北京滴石斋

2018 年 6 月 4 日

前 言
当代中国教育的发展历程、成就与趋势

1949年10月1日，毛泽东在天安门城楼庄严宣告了中华人民共和国的诞生。从此，中华民族进入了一个新的历史时期，中国教育也进入了一个新的发展阶段。

中华人民共和国成立70多年来，中国教育作为社会生活、民生工程的重要组成部分，随着中国社会的政治、经济、科技、文化的发展而发展，历经曲折，不畏艰难，实现了历史性的跨越。从80%的文盲率到中小学毛入学率近100%，从高等教育毛入学率只有0.26%到48.1%，教育事业实现了全面的、长足的进步。中国构建了全世界规模最大的教育体系，创造了穷国办大教育的奇迹，书写了世人瞩目的辉煌篇章。

一、当代中国教育的发展历程

70多年，对人类教育而言，只是漫漫历史的一个小小瞬间；对于一个人来说，是从呱呱坠地的婴儿成长为白发苍苍的老人的悠长岁月；对于一个新生的共和国来说，却是从满目疮痍，历经艰苦奋斗，逐步迈入繁荣昌盛新时代的光辉历程。70多年，中国教育在艰难曲折的道路上勉力前行，主要经历了以下三个主要的发展阶段：

（一）初创与探索期（1949—1965年）

中华人民共和国成立之初，教育面临的最紧迫最重要的任务，就是建立一个崭新的社会主义教育制度，使占人口绝大多数的劳动人民及其子女享有受教育的机会

与权利。所以，这一时期教育发展的主要任务是改造历史遗留下来的旧教育，建立民族的、科学的、大众的新民主主义教育。

刚刚建立的共和国，在教育方面主要做了五件大事：一是接管和改造旧学校；二是改革旧学制，颁布新学制，小学由六年改为五年，把工农速成学校和业余补习学校放在与其他学校同样重要的地位；三是大力开展扫除文盲工作，所有教育设施向工人、农民等广大劳动人民开放；四是改造教师思想；五是调整高等学校院系。同时，开始引进苏联的教育模式，并进行批判性的改造，逐步形成了完整的教学系统和正规的办学道路。

这个时期的教育工作虽然也走过一段弯路，如学校发展"大跃进"等，但总的来说，教育事业的发展是迅速的、高效的。新中国成立初期，全国4.5亿人口中80%是文盲，到1965年底，全国扫除文盲10 272.3万人，年均扫盲约604.3万人，广大劳动人民的受教育权利得到了保证和实现。1949年，学龄儿童入学率只有20%，到1965年底，学龄儿童入学率达到85%，小学在校生达到11 626.9万人，中等学校学生达到1 432万人，分别比中华人民共和国成立前最高的1946年增长了3.9倍和6.9倍。普通高校增加到434所，在校生67.4万人，较1947年增加了3.3倍。大中小学和幼儿园有教职工555万人，较1949年以前增加了5倍。这一时期，普通中等教育为国家培养了2 000多万毕业生和大批的劳动后备力量，为高级专门人才的培养奠定了基础，适应了经济社会发展和教育发展的基本需要。

在教育指导思想上，毛泽东关于"健康第一"的意见以及"使受教育者在德育、智育、体育几方面都得到发展"的指示，对于我国教育的发展起到了根本性的指导作用，并逐步确立为党的教育方针。刘少奇倡导的"两种教育制度"和"两种劳动制度"，对于教育的改革发展也产生了很大的影响。

这一时期，高等教育的主要任务是学习苏联高等教育经验，为刚刚诞生的共和国培养建设人才。面对学校规模小、学生数量少、文重工轻、学校类型结构不合理等问题，教育部根据"以培养工业建设人才和师资为重点，发展专门学院与专科学校，整顿和加强综合性大学"的方针，在全国范围内进行了高等学校院系调整工作。1961年颁布的《中华人民共和国教育部直属高等学校暂行工作条例（草案）》等有关文件，对于完善教学秩序、规范学校管理、提高教学质量、加强学校建设，起到了积极作用。

（二）破坏与混乱期（1966—1976年）

1966年，正当我国国民经济调整基本完成，第三个五年计划即将启动的时候，一场声势浩大的政治运动——"文化大革命"爆发了。这场运动，使刚刚建立的中国教育大厦遭到了惨烈的破坏，陷入了一片混乱之中。

在"四人帮"炮制的"两个估计"（认为"文化大革命"前17年教育战线是资产阶级专了无产阶级的政，是"黑线专政"；大多数知识分子的世界观是资产阶级的，是资产阶级知识分子）的错误判断下，学生停课"闹革命"，很多老师被诬为"臭老九""反动学术权威"，遭到迫害。许多学校的教育教学设施设备遭到严重损毁，学校教学活动受到严重干扰，甚至一度完全中止，学校教育一度瘫痪，社会上"读书无用论"甚嚣尘上。

这场政治运动，对于整个中国教育体系的破坏是惨烈的，我国教育事业处于崩溃的边缘。

（三）重建与发展期（1977— ）

以1976年10月粉碎"四人帮"为开端，以1977年恢复高等学校的招生考试制度为标志，中国教育开始进入"拨乱反正"的重建与发展时期。各级各类学校开始恢复正常教育秩序，教学活动迅速步入正轨。《中共中央、国务院关于普及小学教育若干问题的决定》（1980年）和《中共中央、国务院关于加强和改革农村学校教育若干问题的通知》（1983年）等一系列政策措施，将努力提高教育质量作为工作重点。在邓小平"教育要面向现代化，面向世界，面向未来"的方针指导下，重视基本知识、基本技能的"双基"教学目标得以确立，倡导"发展智力，培养能力"，并开始重视非智力因素的培养及其在人的发展中的作用。

1985年，《中共中央关于教育体制改革的决定》正式颁布；1986年、1996年和1998年，全国人大先后通过了《中华人民共和国义务教育法》《中华人民共和国职业教育法》《中华人民共和国高等教育法》；1993年和1999年，《中国教育改革和发展纲要》与《中共中央、国务院关于深化教育改革，全面推进素质教育的决定》先后发布。这一系列举措，对于推动义务教育普及，推进农村和城市的教育综合改革，以及建立公平、优质的基础教育和国际一流的高等教育，起到了重要的推动作用。

进入新世纪以后，国家高度重视教育事业的改革与发展，制定了《国家中长期教育改革和发展规划纲要（2010—2020年）》和《中国教育现代化2035》等一系列重大教育发展战略。关于农村教育、学前教育、高中教育、高等教育、职业教育等，国家也密集地出台了一系列重要政策法律，尤其是实施教育扶贫，重点扶持边远农村地区和少数民族地区的薄弱学校建设，关注农村留守儿童的身心健康发展，打出了教育发展战略和关键节点政策的"组合拳"，成功推动中国教育发展上了一个新台阶。这一时期，我国高等教育的改革发展也引人注目。中国政府在1995年启动了"211工程"，1998年推出了"985工程"，2015年又提出"双一流"建设工程。2018年，全国普通高等学校已经达到2 663所，在学总规模3 833万人，成人高等学校也达到277所，研究生培养机构815个。

应该说，新中国成立70多年来，尤其是党的十八大以来，我国教育的发展是超常规的、跨越式的、历史性的。

二、当代中国教育的主要成就

中华人民共和国成立70多年来，中国教育的成就是全面的，从数量到质量，从学前教育到高等教育，从普通教育到职业教育，从理念到行动，从课程到文化，从民间到政府，从农村到都市，都发生了翻天覆地的变化。主要表现在如下三个方面：

（一）确立了教育优先发展的战略地位和教育的基础地位，教育成为国之大计、党之大计

1982年9月，中国共产党第十二次全国代表大会召开。大会通过的政治报告提出，"在今后二十年内，一定要牢牢抓住农业、能源和交通、教育和科学这几个根本环节，把它们作为经济发展的战略重点"，把教育提高到了全国经济发展的战略核心地位。从此，教育被列入党和国家的重要工作议程，得到了各级党委和政府的重视。

1984年10月20日，中共十二届三中全会通过了改革开放以来的第一份经济体制改革方案《中共中央关于经济体制改革的决定》。文件第九条提出，"进行社会主义现代化建设必须尊重知识，尊重人才"，"科学技术和教育对国民经济的发展有极其重要的作用。随着经济体制的改革，科技体制和教育体制的改革越来越成为迫切需要解决的战略性任务"。

1987年，党的十三大报告提出，要"把发展科学技术和教育事业放在首要位置"。从"战略重点"，到"战略性任务"，再到"首要位置"，尽管表述不同，但是对教育的重视是一致和一贯的。

1992年，党的十四大报告更加明确指出"必须把教育摆在优先发展的战略地位"，这是在党的报告中第一次明确提出教育优先发展战略，中国教育进入优先发展时代。1993年，党中央、国务院发布了《中国教育改革和发展纲要》，进一步明确了教育优先发展的战略地位，并且提出了一系列教育发展的目标，国

家财政性教育经费支出占国民生产总值的比例在 20 世纪末达到 4% 就是其中之一。

2012 年，党的十八大报告指出，教育是中华民族振兴和社会进步的基石，继续提出"要坚持教育优先发展"。

2017 年，在党的十九大报告中，习近平总书记围绕"优先发展教育事业"，对教育事业的改革和发展做出了新的全面部署，提出"建设教育强国是中华民族伟大复兴的基础工程，必须把教育事业放在优先位置，加快教育现代化，办好人民满意的教育"。

在 2018 年召开的全国教育大会上，习近平更加明确地把教育作为"国之大计、党之大计"，并且把"坚持优先发展教育事业"作为"九个坚持"的重要内容。总书记提出，作为"我们就教育改革发展提出一系列新理念新思想新观点"中的一个方面，优先发展教育的战略"是我们对我国教育事业规律性认识的深化，来之不易，要始终坚持并不断丰富发展"。

教育优先发展的一个重要标志，就是国家财政对于教育的经费保障，尤其是对于基础教育的经费保障。

改革开放之初的 1978 年，我国教育支出只有 79.39 亿元。1993 年，我们提出国家财政性教育经费支出占国民生产总值的比例在 20 世纪末要达到 4% 的目标。经过全社会的共同努力，到 2012 年，国家财政性教育经费支出总额达到 22 236.23 亿元。2018 年，全国教育经费总投入为 46 143 亿元，比上年增长 8.41%。其中，国家财政性教育经费为 36 996 亿元，比上年增长 8.15%，占国内生产总值的比例为 4.11%，连续 7 年超过 4%。

在教育经费大量增加的同时，中国的教育投入在结构上也在逐步优化。在"保工资、保运转、保安全"的基础上，财政性教育经费投入重点保障基础教育，加强薄弱环节和关键领域，努力做到向农村地区、贫困地区、民族地区倾斜，向农村义务教育、职业教育和学前教育倾斜，向特殊困难学生倾斜，向建设高水平教师队伍倾斜。在此基础上，我们先后全面建立了免费义务教育制度和家庭困难学生国家资助制度，实施了农村义务教育学生营养改善计划和薄弱学校改造计划，保障村小和教学点经费，不断推进义务教育均衡发展，努力促进教育公平。同时，通过发展学前教育的两个三年计划、中等职业学校的免费计划、高中阶段教育普及攻坚计划等财政支持，中国成功补齐了基础教育阶段的短板，基础教育的基础地位得到了全面巩固。

1978 年，我国学前教育毛入园率仅为 10.6%，到 2018 年，已提高到 81.7%，其中普惠性幼儿园在园幼儿覆盖率达 73.1%，"入园难"问题基本得到解决。

(二) 构建了世界上最大的教育体系，攻克了"穷国办大教育"的难题

1949年以来，尤其是1986年颁布《中华人民共和国义务教育法》、2004年实施西部地区"两基"攻坚计划、2012年党的十八大提出"办好人民满意的教育"以来，在党和政府的领导下，继续攻克"穷国办大教育"的难题，我国教育事业取得了前所未有的跨越式发展，所有人都有了接受教育的机会。我国正在逐步从一个人口大国走向人力资源大国。

70多年来，我国基础教育经历了一个从"人民教育人民办"到"义务教育政府办"的历史性转变。在经济社会发展相对落后、政府财力紧张拮据的情况下，我们广泛发动全社会力量兴办教育，基本实现了基础教育的全面普及。在很长一段时间内，我们用不到全世界5%的教育经费，支撑起占全世界20%人口的基础教育。在政府财力有所增长，对教育的认识进一步提高以后，又及时调整政策，发挥政府的主导作用，加大投入力度，解决了许多历史欠账，逐步使我国基础教育走上了快速健康发展的轨道。

2018年，我国基础教育取得显著成就。其中，共有幼儿园26.67万所，学前教育入园幼儿1 863.91万人，在园幼儿4 656.42万人，专任教师258.14万人。普通小学16.18万所，小学教学点10.14万个，在校生10 339.25万人，小学专任教师609.19万人。初中学校5.20万所（含职业初中11所），在校生4 652.59万人；高中阶段学校2.43万所，在校生3 934.67万人。

把这些数据与中华人民共和国成立之初相比，更能够反映70多年来中国教育事业所取得的巨大成就。比如，学前毛入园率从1950年的0.4%提高到2018年的81.7%，增加200多倍；小学净入学率从1949年的20%提高到2018年的99.95%，增加近4倍；初中毛入学率从1949年的3.1%到2018年的100.9%，增加31倍多；高中毛入学率从1949年的1.1%到2018年的88.8%，增加79倍多。可以说，这每一个数据都有着翻天覆地的变化，每一个数据背后都有很多可歌可泣的故事。建立并管理如此庞大的基础教育体系，中国走的是一条其他国家所没有走过的特别的道路。

(三) 形成了"官民并举"推进教育改革的格局，教育质量保持较高发展水平

改革开放前，我国基础教育除了少量学校由厂矿、企业、合作社举办外，基本是清一色的公办学校。改革开放后，通过推进办学体制改革，积极发展社会力量办学，实行政府为主、社会参与举办学校的办学模式，形成了官民并举推进教育改革的格局。

2018 年，全国共有各级各类民办学校 18.35 万所，占全国学校总数的 35.35%；各类在校学生 5 378.21 万人，占全国总量的 19.51%。其中，民办幼儿园 16.58 万所，占全国总量 62.16%；在园幼儿占全国的 56.69%。民办普通小学 6 179 所，占全国的 3.82%；在校生 884.57 万人，占全国的 8.56%。民办初中 5 462 所，占全国的 10.51%；在校生 636.30 万人，占全国的 13.68%。民办普通高中 3 216 所，占全国 23.41%；在校生 328.27 万人，占全国的 13.82%。民办中等职业学校 1 993 所（不含技工学校数据），占全国的 25.39%；在校生 209.70 万人，占全国的 17.28%。民办普通高校达 749 所，占全国的 28.13%；普通本专科在校生达到 649.60 万人，占全国的 22.95%。民办教育在整个教育体系和国家经济社会发展中发挥了不可或缺的重要作用。

多元办学体制不仅在一定程度上分担了公共财政的压力，对于优化教育资源配置，激发办学活力，提高教育办学质量也发挥了重要作用。

70 多年来，民间的教学改革也非常活跃。从顾泠沅小组大面积提高数学教学质量的教改实验到邱学华的尝试教学实验，从卢仲衡的自学辅导教学改革实验到李吉林的情景教学理论，从吕敬先的小学语文能力整体发展实验到叶澜的"新基础教育"实验，从裴娣娜的主体教育实验到朱永新发起的新教育实验，从杜郎口的课堂教学改革到重庆巴蜀小学基于学科育人功能的课程综合化实施与评价改革，从十一学校的课程与教学改革到清华附小的主题教学探索，等等，许多民间的教育与教学改革实验，在理论和实践的层面上为提升教育品质做出了贡献。

我国教育 70 多年的发展成就是全方位的。无论是教育均衡发展的推进和教育立法进程的加快，还是教育国际化的推进和教育理论研究的进展，都取得了不少可圈可点的成就，为经济社会发展培养了大量合格人才和劳动者，为提高国民素质做出了重要贡献。

三、当代中国教育面临的挑战与发展趋势

面对 21 世纪经济社会的快速发展和信息化、国际化、个性化的新趋势，我国的教育迎来了前所未有的新挑战，教育从内容、形式到方法、路径都将发生着深刻的变化。

(一) 互联网、人工智能等新科技对学校结构性变革提出新的要求

我们正处在一个互联网、人工智能几乎改变一切的时代，在现代技术革命的推动下，传统的商业模式、金融体系、生产方式都发生了脱胎换骨的变化。

据统计，截至2018年6月，我国网民规模达8.02亿，普及率为57.7%；2018年上半年新增网民2 968万人，较2017年末增长3.8%；我国手机网民规模达7.88亿，网民通过手机接入互联网的比例高达98.3%。2003年建立的淘宝网，已经成为全球最大的网购零售平台，拥有近6亿的注册用户，每天有超过6 000万的固定访客，每天的在线商品数已经超过了8亿件，平均每分钟售出5万件左右的商品。

实际上，教育和互联网的结合，远远早于商业。20世纪60年代计算机开始出现的时候，人们就提出了机器教学，出现了"学校消亡论"。互联网出现以后，利用网络改变教育的努力与投入，力度也远远大于商业。但是，直到今天，教育的变化也非常小。一个很重要的原因就在于教育没有发生"结构性的改变"。

一般认为，信息技术在教育领域的应用可分为三个阶段：工具与技术的改变、教学模式的改变和学校形态的改变。电化教育、PPT课件等是工具与技术层面的变革，慕课、翻转课堂等是教学模式方面的变革。如果学校形态不发生深刻的变革，教育结构不发生相应的变化，教育的变革是非常困难的。

目前，信息技术在教育领域前两个阶段的应用已经非常成熟，第三个阶段的应用即将浮出水面。那么，如何才能变革教育的结构呢？这需要对学校进行重构。

任何一个事物总是有它产生、发展、兴盛、衰落和消亡的周期。学校自然也不会例外。我们知道，现代学校制度是伴随着大工业时代产生的，它的弊端随着社会的发展和科学技术的进步已经日益彰显。学校作为教育资源主要提供者的地位，已经开始受到严峻的挑战。众多课外补习机构、众多网络教育机构、众多新型学习媒体，都在快速崛起。

来自学校内部的变革也在全球风起云涌。无论是美国圣迭戈高科技高中的项目式学习，还是美国斯坦福网络高中的全网络课程学习，无论是瑟谷学校的个性化自主学习，还是澳大利亚悉尼学习创新中心的"超级教室"，无论是被称为"世界上第一所旅行高中"的思考全球学校（Think Global School），还是强调"方法论"教学的美国密涅瓦大学，以及北京大学附中探月学院正在探索的新的教学方式，一种打破传统学校课程、班级、学期的束缚的新的教学方式，已经呼之欲出。

互联网改变教育，是一个正在发生的事实。随着时间的推移，基于互联网

的混合学习必然会成为未来教育的基本模式。这种未来教育基本模式的实现，需要三个基本条件。

1. 打破现在的学校格局，承认线上学习的合法性

我们现在整个教育体系是建立在工业革命的基础上的，它以知识传播为主要目的，主张进行大规模教学，强调效率优先，教师、教材、教室的"三教"中心格局相当稳定，成为教育的"铁三角"。在近年来的教育改革中，这些教育基本要素一直没有变化，因而教育的"淘宝"是无法登场的。必须把以知识为中心改为以学生为中心，必须打破教育的时间空间限制，允许学生通过线上学习获得知识和必要的学分认定。

在未来，无论你在哪所学校，无论你在城市还是乡村，都不必按部就班地学习各门课程。你完全可以基于个人兴趣和问题解决需要而进行自主性学习和大规模的网络协作学习。学生可能不再需要我们为他提供一个非常完整的知识结构，而是在形成自己最初的知识结构以后，通过自主学习，建构能够满足自己学习需要的个性化的结构。学分、学历、学校未来都不重要，重要的是你学到了什么，你分享了什么，你建构了什么，你创造了什么。所以，未来的学习中心将从现在的实体学校走向实体学校加互联网学校，再到完全由学生自主选择学习方式与学习场所的混合型学习。

2. 建立教育的国家标准和国家教育资源库

学习方式的变革，会对学习内容提出更高的要求。教育越是自由，越是定制化和个性化，就越是需要建设高效优质的学习中心，越是需要国家力量的整合。教育内容是文化的选编。教育首先要传授我们这个国家、我们这个民族所崇尚的价值观。国家应当担负起选择教育主要内容的基本责任，并建立一个科学的、个性化的国家标准，对相关教育内容提出最低限度的基本要求。现在的课程标准和教育内容太深太难，要求学生学习的知识结构太庞大、太艰深，造成了大部分学生学习困难。所以，如何在保证国家的价值观和学生的基本读写能力的前提下，重新修订我们的教育标准，是一件迫在眉睫的主要工作。

在确定了国家教育标准以后，提供什么教学资源就显得非常重要了。应该举全国之力，把全世界最好的资源（包括国内外民间教育机构甚至个人开发的各种最优秀的资源）整合到国家的教育平台上来。现在一方面教育投入不足，一方面又有大量的浪费。每个县、每个学校都去建设自己的教育平台，都建设自己的资源中心，都去开发自己的网络课程资源。一些重要的网络教育机构，如科大讯飞、学堂在线、好未来等，也在开发相同的课程，造成了资源的浪费。国家亟须组织专业团队，用先进的网络技术把资源整合起来，使死资源变成活

资源，把静态的课程变成动态的课程。全国乃至全世界的学生都可以通过国家教育资源平台学习。

3. 建立基于互联网的教育考试评价制度

未来的评价主要不是为了鉴别，而是为了改进。在学习的早期应当自动记录学生的学习过程，作为评价的依据，并通过大数据分析来掌握教育的总体情况，总结其中的规律。在记录过程的同时，要发现学生学习的特点，帮助他们认识自己的知识点缺陷，及时改进。

未来的考试评价将会更加重视实际能力而淡化文凭学历。未来的大学也可能出现全新的模式，课程比文凭更重要：不管你在什么地方上大学，只要你能够通过严谨而且经过认证的评价，得到相应的课程证书，就可以进入社会直接就业。事实上，基于互联网的教育评价从技术上讲已经没有障碍，人脸识别技术、大数据、云计算等都可以最大限度地提高考试评价的效度与信度，杜绝弄虚作假和作弊行为。

(二) 人民群众对于美好教育生活的向往对教育公平提出新的期待

在改革开放初期，中国教育走了一条效率优先的道路，锦上添花多，雪中送炭少，造成了城市与农村、东部与中西部、重点与普通之间的差距乃至鸿沟越来越大。在科学发展观指导下，这个倾向得到了初步遏制。

2004年，国家启动了西部地区"两基"攻坚计划，几年时间里投入了100亿元建设了8 300多所寄宿制学校，基本解决了农村学生入学路途远的问题，同时对农村义务教育阶段贫困家庭学生免杂费、免书本费、补助寄宿生生活费。2006年开始，国家又采取招聘特岗教师等办法补充西部地区农村学校的师资。2010年出台的《国家中长期教育改革和发展规划纲要（2010—2020年）》，更加明确把"促进公平"作为教育改革与发展的方针，认为教育公平是社会公平的重要基础。2011年，中央财政拨款100亿元推进全国中小学校舍安全工程，决定每年投入160多亿元实施农村义务教育学生营养改善计划。2012年9月，教育部与四川、西藏、甘肃、青海四省（区）人民政府正式签署了义务教育均衡发展备忘录，构建起中央和地方政府协同推进的机制。

2016年，全国中小学生基本实现电子学籍管理，各级各类学校互联网的接入，从5年前的20%左右，增加到2019年的94%。6.4万个教学点实现数字教育资源全覆盖，惠及400多万偏远农村地区的孩子。

截至2019年，90%以上的残疾儿童都享有受教育机会。80%以上的农民工随迁子女能够在流入地公办学校就学。全国2 717个县（市、区）通过义务教育发展基本均衡督导评估，约占全国总数的92.7%，16个省（区、市）整体通过认定。高考录取率最低省份与全国平均水平的差距从2010年的15.3个百分点缩小到2017年的4个百分点。上述数据表明，我国教育的公平性得到了很大提升，为促进社会公平奠定了坚实的基础。

2012年11月15日，习近平总书记在与中外记者见面时提出，人民有"更好的教育"等期盼，"人民对美好生活的向往，就是我们的奋斗目标"。党的十九大报告再次重申了这一目标。不难发现，以习近平同志为核心的党中央，自始至终把人民对美好生活的向往，作为中国共产党的奋斗目标，把提供更好的教育作为美好生活最重要的前提条件之一。

教育不仅是创造美好生活最重要、最基础、最关键的路径，也是美好生活最重要、最基础、最关键的组成部分。有更好的教育，才能有更好的生活，才能增强人民群众的获得感、满意感、幸福感，才能为经济转型、科技创新、文化繁荣、民生改善、社会和谐提供更有力的支撑，才能为满足人民在民主、法治、公平、正义、安全等方面日益增长的要求，为实现"两个一百年"奋斗目标、实现中华民族伟大复兴中国梦，奠定坚实的基础。

人民对美好教育生活的向往与教育发展不均衡不充分之间的矛盾，集中表现在两个方面。一是期待教育更加公平。要努力做到让每个人都享有公平而有质量的教育，加快缩小城乡、区域、学校、群体间的教育差距，合理配置教育资源，办好每一所学校，教好每个孩子，回应人民群众"上好学"的热切期待，缓解人民群众的"教育焦虑"，让择校热、补习热等不断降温。二是期待教育更加个性化。要全面贯彻"立德树人"的教育方针，摒弃片面追求升学率，把分数和成绩作为考核学校、教师和学生的唯一标准的做法，注重理想、道德、人格教育，注重探索能力和创新精神的培养，真正实现从应试教育向素质教育的转变。人民群众对教育公平与个性化的理想追寻，与互联网、人工智能等技术革命浪潮，将汇成教育变革的力量，推动着我国未来教育的发展。

（三）经济全球化对教育国际化和教育资源配置方式提供新的可能

改革开放以来，在"三个面向"方针的指导下，我国教育的国际合作交流日益广泛深入，"走出去"与"引进来"的步伐不断加快。

在"走出去"方面，我国已成为全球最大的留学生生源国。2018年，我国出国留学人员有66.21万人，其中自费留学为59.63万人，国家和单位公派为6.58万人，留学人数达到历史新高，出国留学生的年龄也呈现降低的趋势。

在高等教育阶段，对外合作越来越多、越来越频繁，尤其是有更多的科研人员到国际科研机构共同进行研究工作。此外,全球孔子学院的数量增长也非常快,教育在国际文化交流中的作用得到了更多的发挥。

与此同时,"引进来"的开放程度也在进一步提升。我国已成为亚洲最大的留学目的国。2016年,来自205个国家和地区的44.2万人次留学人员在华学习。到中国高校和科研机构工作的国外专家学者也越来越多。截至2016年底,中外合作办学机构和项目达2 480余个,共有29个省市的730所高校举办了中外合作办学项目,约占全国高校的三分之一。世界顶尖高校纷纷在中国建立分校,例如西交利物浦大学、宁波诺丁汉大学、昆山杜克大学和上海纽约大学等,它们同时也在引领其他中外合作大学的建立和发展。

在新时代,我国迎来了"回国潮"。据统计,2016年留学回国人员达到43.25万人。从1978年到2016年底,完成学业后选择回国的留学生比例也在不断增加,265.11万人在完成学业后选择回国发展,占已完成学业群体的82.23%。"回国潮"现象也恰恰证明了今天的中国发展之快、机会之多,证明了教育国际化发展是一条成功的经验。

习近平总书记多次在重要场合详尽论述和深刻阐释"构建人类命运共同体"这一新理念、新提法。站在全球共同发展的角度,习近平总书记提出了"一带一路"倡议,其中,教育是基础工程。我们要进一步加强与"一带一路"国家教育的交流与合作,加强对"一带一路"国家的国情研究。要继续通过孔子学院、来华留学、研学旅行等,加大与世界其他国家的教育交流与合作,尤其是加大在科研项目上的交流合作与协同攻关。

未来,我国的教育会更加国际化,对外开放的力度也将更大。特别是随着互联网和信息技术的发展,世界将成为真正意义上的"地球村",各国之间的教育交流与合作将更加便利、更加广泛、更加深入。

因此,我们要用更加开放的心态,学习国际上先进的教育模式和理念,要进一步加强与国际上有创新特色的教育机构合作,进一步培养具有中国情怀、世界眼光的国际化人才。

同时,在继续引进、消化、吸收国外先进教育文化的基础上,我们也应该进一步发挥中国文化的影响力,鼓励中国课程的国际化认证,将中国的特色课程用外文传播出去,让更多的人了解中国的文化和教育。

回顾过去的70多年,中国教育沧桑巨变,成就斐然;展望未来,中国教育任重道远,前程光明。我们相信,实现"两个一百年"奋斗目标,实现中华民族伟大复兴中国梦,绝不是空话。教育强国,教育利民,教育必将为中华民族的腾飞做出新的贡献。

目 录

第一章　当代中国学前教育改革与发展 …………… 1
　一、学前教育的改革发展与新政策举措 ………… 3
　二、学前教育新政策的落实及其成效 …………… 6
　三、学前教育改革与发展的未来趋势 …………… 13

第二章　当代中国中小学教育改革与发展………… 23
　一、中小学教育改革发展的主要成就 …………… 25
　二、当代中小学教学改革的主要举措 …………… 29
　三、中小学教育改革发展的挑战与趋势 ………… 38

第三章　当代中国高等教育改革与发展 …………… 43
　一、高等教育改革与发展的主要成就 ………… 45
　二、高等教育改革与发展的基本经验 ………… 60
　三、高等教育改革与发展的趋势与挑战 ………… 63

第四章　当代中国职业教育改革与发展…………… 67
　一、职业教育改革与发展的主要成就 ………… 69
　二、职业教育改革与发展中的问题与挑战 …… 83
　三、职业教育改革与发展的趋势 ………… 87

第五章　当代中国民办教育改革与发展…………… 89
　一、民办教育改革与发展的历程 ………… 91
　二、民办教育改革与发展的基本情况 ………… 93
　三、民办教育改革与发展的主要问题与趋势 … 101

第六章　当代中国课程与教学改革与发展 107
　　一、课程与教学改革与发展的历史经纬 109
　　二、课程与教学改革与发展的基本特征与主要成就 111
　　三、课程与教学改革与发展的趋势 118

第七章　基础教育改革实验 121
　　一、基础教育分科课程实验的发展阶段 123
　　二、基础教育教学改革实验的发展 130
　　三、基础教育单项主题实验的发展 133
　　四、基础教育综合改革实验的发展 134
　　五、基础教育实验改革发展的特点与趋势 138

第八章　当代中国德育改革与发展 143
　　一、德育改革与发展的历程 145
　　二、德育改革与发展的问题分析 150
　　三、德育改革与发展的重要举措 153

第九章　当代中国教育体制改革与发展 159
　　一、教育体制改革与发展的历程 161
　　二、教育体制改革与发展的主要特征 166
　　三、教育体制改革与发展的主要成效 168
　　四、教育体制改革与发展面临的挑战 170

第十章　当代中国教育财政改革与发展 173
　　一、教育财政改革与发展的主要举措 175
　　二、教育财政改革与发展的主要成效 181
　　三、教育财政改革与发展的问题及对策 183

参考文献 187

后　　记 189

第一章
当代中国学前教育改革与发展

一、学前教育的改革发展与新政策举措

二、学前教育新政策的落实及其成效

三、学前教育改革与发展的未来趋势

学前教育关系千家万户，是国计，更是民生。伴随着党的十一届三中全会的召开，学前教育事业发展被纳入政府重要议事日程。乘着改革开放的东风，学前教育事业迎来了发展的春天，得到了全面快速的发展，其间虽经历了一些曲折，但取得了很多可喜的进步。尤其是2010年以来，党和政府的一系列新举措全面开启了学前教育改革与发展的新局面。

一、学前教育的改革发展与新政策举措

1978年，国家教委恢复了幼儿教育处，学前教育工作开始恢复。1979年，全国托幼工作会议召开，决定由国务院设立"托幼工作领导小组"，对学前教育工作做了新的部署，这些措施为学前教育事业发展提供了制度保障，指明了方向。1987年，全国幼儿教育工作会议召开，确定了学前教育实行"地方负责，分级管理"和各有关部门分工负责的管理体制，学前教育管理体制逐渐理顺，此后的学前教育事业也得到了明显的发展。1995年，国家教委等七部门颁布了《关于企业办幼儿园的若干意见》，提出了"坚持依靠社会力量发展幼儿教育的方针"，伴随着企事业单位的改制，幼儿园办园体制和格局发生了重大改变，尽管公办园仍然是学前教育的主体，但民办园数量开始明显增加。2003年，国务院办公厅转发了《关于幼儿教育改革与发展的指导意见》，提出了"形成以公办幼儿园为骨干和示范，以社会力量兴办幼儿园为主体，公办与民办、正规与非正规教育相结合的发展格局"的幼儿教育改革总目标，民办幼儿园得到了快速发展。2004年，民办园数量首次超过了公办园数量，并在此后的几年里，民办园数量与公办园数量的差距不断增大，到2010年，民办园数量已经达到公办园数量的两倍。"入园难""入园贵"等问题比较凸显。

2010年，《国家中长期教育改革和发展规划纲要（2010—2020年）》（简称《教育规划纲要》）和《国务院关于当前发展学前教育的若干意见》（简称"国十条"）两个重要文件，对学前教育的改革与发展进行了系统设计、全面部署和逐步推进。自此，我国学前教育改革与发展进入了一个新时期。2018年11月，《中共中央 国务院关于学前教育深化改革规范发展的若干意见》（简称《若干意见》）发布，为新时代学前教育的深化改革完善发展提出了清晰的目标和发展意见。

（一）明确学前教育的性质定位、改革方向与发展目标

性质定位决定着政策方向。针对学前教育因定位不清，没有受到应有重视，

成为"各级各类教育中的薄弱环节"这一根本问题,"国十条"连续用三个"是"和三个"关系"深刻地阐明了幼儿教育的性质和意义,指出它"是终身学习的开端,是国民教育体系的重要组成部分,是重要的社会公益事业";"关系亿万儿童的健康成长,关系千家万户的切身利益,关系国家和民族的未来",肯定了它在国计民生中的重要位置。

基于对幼儿教育重要性的认识和性质定位,《教育规划纲要》将学前教育作为未来十年教育发展的八大任务[①]之一专章叙述,提出"基本普及学前教育"的战略目标。这是国家在普及九年义务教育之后做出的一个重大决策,开启了幼教事业发展的新征程。

如何实现"基本普及学前教育"的宏伟目标?在总结多年经验与教训的基础上,"国十条"提出了明确的改革与发展的方向——"坚持公益性和普惠性,努力构建覆盖城乡、布局合理的学前教育公共服务体系",对学前教育"社会化"的真正含义做出了正确的诠释。同时,对如何坚持公益性、普惠性,如何构建学前教育公共服务体系提出了"坚持政府主导,社会参与,公办民办并举"的发展方针。这一方针既是对以往"两条腿走路"方针的继承,又赋予了它新的含义。

坚持政府主导,意味着政府在普及学前教育、构建学前教育公共服务体系中负有不可推卸的责任。《教育规划纲要》强调要"明确政府职责","加强对学前教育的宏观指导和管理,相关部门履行各自职责,充分调动各方面力量发展学前教育"。"国十条"则进一步要求"各级政府要加强对学前教育的统筹协调,健全教育部门主管、有关部门分工负责的工作机制,形成推动学前教育发展的合力",并对各相关部门(如人事、财政、卫生等)的职责进行了明确的规定。同时指出,"各级政府要充分认识发展学前教育的重要性和紧迫性",将其"作为贯彻落实教育规划纲要的突破口,作为推动教育事业科学发展的重要任务,作为建设社会主义和谐社会的重大民生工程,纳入政府工作重要议事日程,切实抓紧抓好"。同时,要求各地"以县为单位编制学前教育三年行动计划,有效缓解'入园难'","各省(区、市)要建立督促检查、考核奖惩和问责机制,确保大力发展学前教育的各项举措落到实处,取得实效"。《若干意见》再次突出强调加大普惠园建设,规范幼儿园的质量管理,"到 2020 年,全国学前三年毛入园率达到 85%,普惠性幼儿园覆盖率(公办园和普惠性民办园在园幼儿占比)

[①] 其余七大任务是:巩固提高九年义务教育水平、加快普及高中阶段教育、大力发展职业教育、全面提高高等教育质量、加快发展继续教育、重视和支持民族教育事业、关心和支持特殊教育。

达到 80%。广覆盖、保基本、有质量的学前教育公共服务体系基本建成，学前教育管理体制、办园体制和政策保障体系基本完善"。

这三个重要文件不仅明确了国家幼教改革与发展的大政方针，同时也精心设计了实现战略目标、解决当前紧迫问题的具体路径。

(二) 扩大幼教资源，破解"入园难""入园贵"困境

针对普惠性幼教资源严重短缺，公众深感"入园难""入园贵"的问题，"国十条"提出"多种形式扩大学前教育资源"的要求，并提出一些具体的措施，这些措施在《若干意见》中再次得到了强调。

第一，大力发展公办幼儿园，提供"广覆盖、保基本"的学前教育公共服务。(1) 在公办资源短缺的地区，逐年新建、扩建一批公办园；(2) 利用中小学布局调整后的富余资源和其他富余公共资源，优先改建幼儿园；(3) 鼓励优质公办幼儿园通过举办分园或合作办园的方式扩大公办资源；(4) 制定优惠政策，支持街道、农村集体、企事业单位、普通高校等举办幼儿园。

第二，鼓励社会力量以多种形式举办幼儿园。(1) 通过保证合理用地、减免税费等方式，支持社会力量办园；(2) 积极扶持民办园，特别是面向大众、收费较低的普惠性民办园的发展。采取政府购买服务、减免租金、以奖代补、派驻公办教师等方式，引导和支持民办园提供普惠性服务。

第三，建好、用好、管好城镇居民小区配套幼儿园。"国十条"要求各地要根据居住区规划和居住人口规模配套建设幼儿园。新建小区配套幼儿园要与小区同步规划、同步建设、同步交付使用，由当地政府统筹安排举办公办园或委托办成普惠性民办园。小区配套幼儿园是城市扩大幼教资源、缓解入园难的主渠道，也是幼儿园从"单位化"变为"社会化"的主要方式。

第四，努力扩大农村学前教育资源。乡镇和大村要独立建园，小村设分园或联合办园，人口分散地区举办流动幼儿园、季节班等，配备专职巡回指导教师，逐步完善县、乡、村学前教育网络。

提供更多的入园机会，特别是让中低收入家庭的幼儿能够进得去、上得起有基本质量保障的普惠性幼儿园，是破解"入园难""入园贵"的关键，也是学前教育新政策的核心。正如联合国教科文组织 2009 年《全民教育全球监测报告》所指出的："重中之重是要确保所有儿童都有机会进入一个受到良好资助的公共教育体系，这在贫困国家尤为重要。"

(三) 加大学前教育经费投入，并向贫困地区和弱势群体倾斜

针对幼教经费长期投入不足的问题，政府出台了一系列政策以加大学前教

育经费投入。

"国十条"明文规定：(1) 各级政府要将幼教经费列入财政预算。新增教育经费要向幼教倾斜。幼教经费要在同级财政性教育经费中占合理比例，未来三年要有明显提高。(2) 制定优惠政策，鼓励社会力量办园和捐资助园。《若干意见》提出"研究中央专项彩票公益金等支持学前教育发展的政策"。

针对以往幼教经费投入未能有效促进教育公平的问题，中央财政决定设立专项经费，实施推进农村学前教育项目，支持中西部农村地区、少数民族地区和边疆地区发展幼儿教育。要求地方政府在加大投入时也将重点放到边远贫困地区和少数民族地区。同时，建立资助制度，资助家庭经济困难儿童、孤儿和残疾儿童接受普惠性幼儿教育。

（四）加强幼教师资队伍建设，提高教育质量

"国十条"强调要"坚持科学保教，促进幼儿身心健康发展"。为此，国家要研制颁布《3～6岁儿童学习与发展指南》，建立幼儿园保教质量评估监管体系，健全教研指导网络等。

教育的质量在很大程度上取决于教师的专业素养。《教育规划纲要》要求把"严格教师资质，提升教师素质，努力造就一支师德高尚、业务精湛、结构合理、充满活力的高素质专业化教师队伍"作为教育改革与发展的重要任务之一。

为此，"国十条"把"多种途径加强幼儿师资队伍建设"作为提高幼儿园保教质量的重要举措，提出：(1) 健全幼儿园教师资格准入制度，严把入口关；(2) 依法落实教师在工资、社会保障、职称评聘等方面的待遇，维护教师权益；(3) 合理确定生师比，配足配齐幼儿园教职工；(4) 完善师资培养培训体系。一方面要办好师范院校学前教育专业，一方面要完善继续教育体系。为满足幼儿园园长和教师多样化的学习需求，国家实施幼儿园园长和骨干教师国家级培训计划，各地五年内进行一轮全员专业培训。

此外，《教育规划纲要》和"国十条"还针对幼儿园管理方面的一些具体问题（如收费、安全等）提出了指导性意见。

二、学前教育新政策的落实及其成效

《教育规划纲要》和"国十条"发布以后，各部门立即采取有效的行动来贯彻落实。

（一）中央财政专项投入，支持学前教育特别是中西部农村学前教育的发展

1986—1990 年全国学前教育经费在 5 亿元以下；1996—2009 年学前教育经费从 29.5 亿元增加到 244.8 亿元，财政性学前教育经费从 16.7 亿元增加到 166.3 亿元。2010 年以后，全国学前教育经费快速增加，2017 年达到了 3 255 亿元。

针对边远贫困地区和农村学前教育资源匮乏的情况，2010 年国家启动中西部农村学前教育推进工程，重点支持农村乡镇中心幼儿园建设。项目实施三年后，中央财政已投入 55.6 亿元，在中西部农村地区建设 3 149 所幼儿园，为 63 万适龄儿童提供入园机会。

2011 年，财政部、教育部下发《关于加大财政投入支持学前教育发展的通知》，中央财政重点支持四大类七个幼教项目：支持中西部农村改建、扩建幼儿园；建山区巡回支教试点；设立"奖补资金"，扶持提供普惠性服务、招收农民工子女的民办幼儿园和城市集体、企事业单位办园；实施中西部农村幼儿教师国家级培训计划；建立贫困儿童、孤儿和残疾儿童的幼儿教育资助制度；等等。其基本设计原则是"向社会处境不利儿童倾斜"，体现了公共财政"扶弱保底"——从保障最弱势群体儿童的早期教育权做起、促进教育公平的基本职能。2011 年，幼儿教师"国培计划"培训了 6.9 万名农村幼儿园骨干教师。2012 年，用于改建扩建幼儿园的资金增加到 106 亿元，奖补经费增加到 50 亿元，国家级幼儿园教师培训投入增加到 4 亿元。按照"省（市）自愿试点、中央财政补助"的方式，国家在贵州等地开启了巡回支教试点工作。

2011 年到 2013 年 5 月，中央财政累计投入 341 亿元支持学前教育发展，同时，带动地方各级财政投入 1 600 多亿元。全国财政性教育经费中学前教育占比从 2010 年的 1.7% 提高到 2012 年的 3.4%[1]。2016 年，生均学前教育经费和生均财政学前教育经费分别达到了 8 630 元和 5 627 元。2017 年，全国学前教育经费达到了 3 255 亿元；其中，财政性教育经费达到了 1 326 亿元，学费和杂费达到 1 384 亿元，捐资助学费和其他经费分别达到了 54.1 亿元和 38.9 亿元[2]。

---

[1] 教育部介绍学前教育三年行动计划和下一期计划. 人民日报, 2014-02-27.
[2] 高丙成. 数说学前教育改革开放四十年. 学前教育, 2018 (12).

中央财政设立专项资金直接支持学前教育，在中华人民共和国的历史上尚属首次，意义非凡。

第一，它是落实政府在发展学前教育中的责任的具体体现。政府在学前教育事业发展中负有多种责任，既可以通过提供清晰的政策来促进学前教育的发展，也可以通过建立稳固的法律体系来保证儿童接受早期教育的权利，还可以通过监测评估来保障学前教育服务的基本质量，但投入必要的资金无疑最为关键。正如《教育规划纲要》所指出的，"教育投入是支撑国家长远发展的基础性、战略性投资，是教育事业的物质基础，是公共财政的重要职能"。中央财政作为政府履行职能的重要手段直接支持学前教育，最真切最实地表明了国家发展学前教育的决心，为各级政府树立了充分发挥公共财政职能作用、增强支持学前教育发展的榜样。

第二，它是促进教育"起点公平"的重要举措。一直以来，由于我国学前教育实行的是"地方负责，分级管理"的体制，教育经费投入基本由基层政府负责，在农村，甚至由最基层的乡镇政府或农民自治组织——村委会承担。这对贫困地区学前教育的发展是十分不利的。这次中央财政支持四大类七个学前教育项目突出体现了公共财政"扶弱保底"的基本职能，为根本纠正学前教育领域公共投入不公平的问题做出了表率。

第三，它有助于我国健全和完善公共财政体系。以往，我国学前教育的基本定位是社会福利而非公共服务，因此未能像其他教育阶段一样获得更多财政支持。国家发展学前教育的新政策意味着学前教育已被明确定位为公共服务事业，开始真正被纳入国民教育体系，其经费开始被列入财政预算。中央财政的投入表明，我国学前教育管理体制中政府的某些责任将会发生一定的"上移"，中央、省、市县级政府在经费投入等方面的责任将会加强，学前教育公共经费的多级投入体制开始形成，教育公共财政体系将进一步健全和完善。

针对中央财政投入的管理，2015年7月1日，财政部、教育部联合印发《中央财政支持学前教育发展资金管理办法》，以规范和加强中央财政支持学前教育发展资金管理，提高资金使用效益，提高学前教育资助水平。

（二）三年行动计划的研制与切实执行

实施学前教育三年行动计划是国务院为加快发展学前教育、有效缓解"入园难"问题而做出的一项重大决策。"国十条"强调要"把发展学前教育摆在更加重要的位置"，要求各省（区、市）以县为单位编制实施学前教育三年行动计划。2010年12月，国务院专门召开全国学前教育工作电视电话会议，对贯彻落实"国十条"、研制实施学前教育三年行动计划做了全面动员和具体部署,要求地方政府根据当地的经济社会发展状况和学前教育的实际需求,研制三年行动计划,明确未来三年学前教育发展目标和建设任务,并将其纳入为民办实事的重要工程予以保障。

按照国务院的要求,各地都把贯彻落实《教育规划纲要》和"国十条"、促进学前教育的发展作为发展教育、改善民生、建设和谐社会的重要举措强力推进。全国31个省(区、市)2800多个县均编制完成了学前教育三年行动计划,并采取有力措施分步落实。

为进一步促进学前教育发展,2014年,教育部开始推进第二个学前教育三年行动计划,以扩大普惠性学前教育资源为主,努力实现幼儿园布局结构与老百姓的入园需求相协调,促进学前教育可持续发展,并提出了四大任务:一是扩总量。统筹考虑边远贫困地区学前教育资源短缺的现状、城镇化发展趋势、人口流动以及"单独二孩"政策带来的人口增加等因素,继续扩大城乡学前教育资源。二是调结构。重点调整资源结构和布局结构,努力扩大公办园和普惠性民办幼儿园覆盖率,让幼儿能就近入园、方便入园。三是建机制。重点研究探索幼儿园成本分担机制,确保幼儿园正常运转,提高其可持续发展的能力。四是提质量。重点是健全幼儿园保教质量评估监管体系,完善区域教研和园本教研制度,促进幼儿健康成长。

2017年开始实施第三个三年行动计划,旨在基本解决"入园难""入园贵"问题,推动两孩政策落地,重点解决农村地区的学前教育发展问题。目前,各地三年行动计划已经初见成效,"入园难"问题初步得到缓解。

据教育部统计,截至2018年底,全国共有幼儿园26.7万所,较2010年增长78.0%,在园幼儿比2010年增长了1 679.7万人,增长了约56.4%,全国学前三年毛入园率达到81.7%,比2010年增长了25.1%(见表1-1)。

表1-1 2010—2018年全国幼儿园数、在园幼儿数和学前三年毛入园率的变化

年份	幼儿园数/万所	增加数/万所	在园幼儿数/万所	增加数/万所	学前三年毛入园率	增加比例
2010	15.0	1.2	2 976.7	319.9	56.6%	5.7%
2011	16.7	1.6	3 424.5	447.8	62.3%	5.7%
2012	18.1	1.6	3 685.8	261.3	64.5%	2.2%
2013	19.9	1.7	3 894.7	208.9	67.5%	3.0%
2014	21.0	1.1	4 050.7	156.0	70.5%	3.0%

续前表

年份	幼儿园数/万所	增加数/万所	在园幼儿数/万所	增加数/万所	学前三年毛入园率	增加比例
2015	22.4	1.4	4 264.8	214.1	75.0%	4.5%
2016	24.0	1.6	4 413.8	149.0	77.4%	2.4%
2017	25.5	1.5	4 600.1	186.3	79.6%	2.2%
2018	26.7	1.2	4 656.4	56.2	81.7%	2.1%

注:"增加数"是先计算实际增加数,再四舍五入的结果,而不是先把园数和在园幼儿数四舍五入,再计算年度差得出的。

资料来源:教育部介绍学前教育三年行动计划和下一期计划. 人民日报,2014-02-27;2014年全国教育事业发展统计公报. 中华人民共和国教育部网站,2015-07-30;2015年全国教育事业发展统计公报. 中华人民共和国教育部网站,2016-07-06. 2017年全国教育事业发展情况. http://www.moe.gov.cn/jyb_sjzl/s5990/201810/t20181018_352057.html;2019教育新春系列发布会之四:介绍2018年教育事业发展有关情况. http://www.moe.gov.cn/fbh/live/2019/50340/twwd/201902/t20190226_371310.html.

(三)制定专业标准,实施"国培计划",进行专业认证,促进教师专业化

为建设高素质专业化的幼儿园教师队伍,2012年,教育部印发了《幼儿园教师专业标准(试行)》(简称《专业标准》)。该专业标准"是国家对幼儿园……合格教师专业素质的基本要求,是教师实施教育教学行为的基本规范,是引领教师专业发展的基本准则,是教师培养、准入、培训、考核等工作的重要依据"。它体现着幼儿园教师作为一种专门化职业的独特性和不可替代性,表明了国家对每一位幼儿园教师必须具备的专业伦理、专业知识和专业能力的基本要求。2015年,又印发了《幼儿园园长专业标准》。

《专业标准》的研制体现了"师德为先、幼儿为本、能力为重、终身学习"的思想,从专业理念与师德、专业知识、专业能力三方面入手,勾画了专业的幼儿园教师的新形象,为幼儿园教师的专业发展指明了努力方向。它的颁布,为国家建立和完善幼儿园教师资格考试与认证制度奠定了基础。按照国家教育体制改革试点工作总体部署,教育部2011年下半年开始在浙江、湖北2个省开展幼儿园教师资格考试改革试点工作,计划逐年扩大试点并推广至全国。而教师资格考试与认证制度的建立有利于改变幼儿园教师队伍专业素养偏低的状况,提高专业门槛,有利于促进教师队伍的专业化,并逐渐从根本上提升幼儿园教师的社会地位和职业尊严。

为了切实落实"国十条"提出的"多种途径加强幼儿师资队伍建设"的要求,2011年,教育部、财政部开始启动"幼儿教师国家级培训计划"(简称

"幼师国培计划"），以示范引领、雪中送炭和促进改革为宗旨，通过置换脱产研修、短期集中培训、转岗教师培训等不同类型的项目，推动各地大规模开展幼儿园教师培训。2011—2014 年，中央财政共安排专项经费 17 亿元支持幼儿园教师培训工作。培训优先面向农村，4 年内共培训农村幼儿园教师 58.4 万人次，为促进农村地区教师队伍的专业化和学前教育质量的提高做出了重要贡献。

此外，针对幼儿园教师队伍数量不足、待遇较低、整体素质有待提高等突出问题，教育部、中央编办、财政部、人力资源和社会保障部于 2012 年 9 月联合发布了《关于加强幼儿园教师队伍建设的意见》，提出解决这些问题的对策措施（如国家出台幼儿园教师配备标准、建立幼儿园教师长效补充机制、幼儿园教师待遇保障机制等），并提出分阶段工作目标："到 2015 年，幼儿园教师数量基本满足办园需要，专任教师达到国家学历标准要求，取得职务（职称）的教师比例明显提高。到 2020 年，形成一支热爱儿童、师德高尚、业务精良、结构合理的幼儿园教师队伍。"在 2018 年发布的《若干意见》中提出办好一批幼儿师范学院、专科学校、支持师范学院办好学前专业，大力培育初中毕业起点的五年制专科学历的幼儿园教师；启动师范院校学前教育专业国家认证工作，建立培养质量保障制度；在中职学校相关专业重点培养幼儿园保育员。

新政策的效果是显著的。1978 年，我国幼儿园教职工 46.9 万人，专任教师 27.8 万人。改革开放以来，幼儿园教职工数量总体上呈逐渐增加的趋势，但中间有起伏。自 2010 年以来，"学前教育三年行动计划"已经实施到第三期。这期间，幼儿园专任教师队伍迅速壮大，专业水平也逐渐提高。2010 年全国幼儿园专任教师 114.42 万人，2013 年达到 166.35 万人，短短 3 年增加了约 45.4%。2010 年至 2013 年，专任教师中专科以上学历占比也由 60.3% 增为 68.1%。随后几年里，师资队伍水平和质量继续稳步提高。2017 年，全国幼儿园专任教师 243.2 万人，生师比下降至 17.2∶1，专科及以上学历教师比例提高到 79.1%，学前教育专任教师中幼儿教育专业毕业的比例为 69.3%[①]。

（四）规范管理，多种途径提升保教质量

质量是教育的核心。联合国教科文组织 2005 年《全民教育全球监测报告》指出，当国家"正在致力于保障所有儿童受教育权利"时，往往容易"因偏重教育机会而忽视了质量问题"。我国在努力为更多适龄儿童提供入园机会的同

---

① 2017 年全国教育事业发展情况. http://www.moe.gov.cn/jyb_sjzl/s5990/201810/t20181018_352057.html.

时，注意保证质量。为此，有关部门相继发布有关文件，加强质量管理。

2010年，卫生部、教育部联合发布《托儿所幼儿园卫生保健管理办法》，以进一步提高托儿所、幼儿园卫生保健工作水平，预防和减少疾病发生，保障儿童身心健康。

2013年，教育部印发了《幼儿园教职工配备标准（暂行）》，规定了不同服务类型幼儿园教职工与幼儿的配备比例，以规范幼儿园办园行为，保证幼儿在一日生活、游戏和学习中都能得到成人适当的照顾、帮助和指导。

需要特别指出的是，经过6年的努力，中国《3～6岁儿童学习与发展指南》于2012年正式颁布。这是国家第一个同时面向幼儿园、家庭和全社会发布的一个学前教育指导性文件。《指南》基于对幼儿身心发展规律与学习特点的把握，基于对中国3～6岁儿童学习与发展状况的调查研究，以一整套比较科学、明确、具体的目标与教育建议，来指导家长和教师建立对幼儿的合理期望，实施科学的保育和教育。《指南》一经发布，立即受到全社会的重视和高度评价，认为其对提高公众对早期儿童学习与发展的科学认识、监控和提高学前教育质量、改进学前教育师资培养培训工作、提高家长的教育能力都将产生积极影响。各地开始掀起一个学习和贯彻落实《指南》的热潮。

2012年5月，教育部启动全国学前教育宣传月活动，围绕学前教育中的突出问题和关键环节，深入社区、面向基层宣传科学保教，助力儿童快乐生活、健康成长。现在该活动已经制度化，固定在每年5月20日至6月20日举行，每年有不同的主题，比如2013年和2014年是重点宣传学习《指南》，2015年是"给孩子适宜的爱"，2016年是"幼小衔接"，2017年是"游戏"，2018年是"幼儿教师"。通过多种形式的宣传，全国学前教育宣传月活动让广大家长和教师全面了解3～6岁幼儿学习与发展的基本规律和特点，把科学保教的先进理念和成熟经验变成全社会的共识和行动。

2016年，教育部颁布了新修订的《幼儿园工作规程》，本次修订主要体现在四个方面。一是坚持立德树人的教育方针，遵循幼儿身心发展特点和规律，实施德、智、体、美诸方面全面发展的教育。二是强化安全管理，明确要求幼儿园要建立健全设备设施、食品药品以及与幼儿活动相关的各项安全防护和检查制度，建立安全责任制和应急预案。三是规范办园行为，对幼儿园的学制、办园规模、经费、资产、信息等方面的管理提出了明确要求。四是完善幼儿园内部管理机制，强化家长委员会的职能作用，强调幼儿园应当建立教研制度，研究解决教师在保教工作中遇到的实际问题。

2018年发布的《若干意见》提出：加强过程监管，建立家长志愿者驻园值守制度；建设全国学前教育管理信息系统，提高学前教育信息化管理水平；严格依法监管，把幼儿园给家长提供虚假或误导信息的，纳入诚信记录；等等。《若干意见》还提出："加快推进学前教育立法，进一步明确学前教育在国民教育体系中的地位和公益普惠属性，强化政府和各有关部门在学前教育规划、投入、资源配置、师资队伍建设和监管等方面的责任，明确举办者对幼儿园办园条件、师资聘任、工资待遇、运转保障、经费使用与财务管理等方面的责任，促进学前教育事业健康可持续发展。加大对违法违规办园行为的惩治力度，推进学前教育走上依法办园、依法治教的轨道，保障幼儿身心健康成长。"

三、学前教育改革与发展的未来趋势

2010年之后，在《教育规划纲要》和"国十条"的指引下，在学前教育三年行动计划的推动下，我国学前教育事业取得了长足发展：学前教育经费逐年增长，"入园难"问题有所缓解，农村学前教育状况得到改善，幼儿园教师队伍迅速壮大，学前教育公共服务体系开始形成。三个学前教育三年行动计划的规划与实施对于贯彻落实《教育规划纲要》和"国十条"提出的学前教育发展目标是十分有利的。但是，要想充分完成《教育规划纲要》和"国十条"提出的学前教育改革与发展任务，彻底解决那些制约我国学前教育健康发展的根本性问题，还有很长的路要走。

（一）建立对学前教育的意义与价值的共识

学前教育的意义与价值已被大量的研究和实践证明。2010年联合国教科文组织召开首届世界学前教育大会，重申和强调了以下观点：(1)"幼儿生命中的最初几年是为其设定正确发展轨道的最佳时机"。幼儿期是高度敏感的时期，也是可塑性最大的时期。幼儿期的发展十分强劲，同时又最脆弱，极易受到伤害，各种风险（贫困、被忽视、暴力等）对儿童产生的负面影响常常造成无法挽回的后果。学前教育可以改善幼儿的经历，为其一生的发展奠定良好的基础。(2)"早期干预能够降低社会不平等"。早期保育和教育"从起点开始"为处境不利的儿童创造相对公平的成长环境，降低和抵消各种不利因素对其发展的负面影响，是打破跨代贫穷这一恶性循环的关键环节。(3)"投资学前教育比投资任何其他阶段的教育都拥有更大的回报"。北美洲、西欧、玻利维亚、埃及等国家和地区的多项早期教育成本效益研究表明，投资学前教育的回报高于其他学段，是改善公共开支和政策计划中最有效的一项。"早期教育和保育是对国家财富进行的

投资","孩子是国家最宝贵的资源","通过满足所有幼儿的权利,以及培育他们的潜能,为其创造福祉,我们就是在积累国家财富"。基于这种认识,联合国教科文组织将大会主题命名为"构筑国家财富",并指出:"在21世纪,各国财富不以物质财富为定义标准。它取决于各国培养其人力资本的能力。使所有儿童在他们的生命之初享有平等、强大的学前教育带来的益处,这符合我们所有人的最大利益。"①

尽管大量研究已经揭示了学前教育的意义和价值,然而不无遗憾的是,因为缺乏共识,一些国家或地区的学前教育缺乏行政上的足够支持、不总被纳入国家计划;公共资金欠缺,外部支持不足;各利益相关者缺乏合作能力;服务质量和效率低下;等等。

在我国,"国十条"颁布之前,以改革之名变卖公办幼儿园、断绝公办园的经费等推卸政府发展学前教育责任的情况时有发生。背后无不反映着决策者对学前教育意义和价值认识的严重缺失。《教育规划纲要》和"国十条"的制定和颁布表明,中央层面已经充分认识到学前教育的意义和价值,并将这种认识转化为政策与行动。但我国是一个大国,学前教育管理体制基本是"地方负责,分级管理",地方政府实际掌控着制定当地学前教育政策与发展规划的权力,因此,地方决策者的认识实际上更直接影响着学前教育的发展。例如,在"国十条"提出了发展学前教育"必须坚持政府主导,社会参与,公办民办并举"的方针,并明确指出要"大力发展公办幼儿园,提供'广覆盖、保基本'的学前教育公共服务",同时"积极扶持民办幼儿园特别是面向大众、收费较低的普惠性民办幼儿园"的要求之后,云南省昆明市政府出台的《昆明市"十二五"教育发展规划》中,将民办幼儿园占比要达到90%、入民办园的幼儿要达到90%作为学前教育发展目标,与国家政策表现出显著差异。在中央政府强制性要求各地根据"国十条"的要求制定学前教育三年行动计划之后,由于中央文件中提倡大力发展公办园,一些民办性质的幼儿园摇身一变,成为某些地方政府统计数字中的"公办园"。一般认为,公办园除了资产属于公有(包括乡镇集体所有)之外,其运作经费(包括教师工资)要有相当比例来自公共财政的投入。但在一些地方,政府将房产是"公家"的,甚至只要建园时土地是政府提供的,或者说没有按市场价出卖的幼儿园就当作"公办园"。据报道,某区准备尝试建立一种"公办园委托管理"的办园模式,具体做法是"选择具有办园实力和一定社

---

① 冯晓霞,周兢. 构筑国家财富:联合国教科文组织首届世界幼儿保育和教育大会简介. 学前教育研究,2011(1):20-22.

会知名度的民办幼教机构承办小区配套幼儿园,适当限定幼儿园收费价格"①。从中可以读到的消息是,这是一所公办园,但交付民办机构管理,靠收费运转。这与小区配套幼儿园招标办成普惠性民办园有何不同?这类幼儿园的性质真的能够认定为公办园吗?上述类型的幼儿园充其量不过是符合国家规定的普惠性民办幼儿园。如果大力发展的公办园都是这种类型,那么,这一政策的意义何在?

由此可见,除去经济能力的原因,政府是否承担、如何承担发展学前教育的责任,根本上取决于对学前教育意义和价值的认识。在我国,全社会特别是各级政府和各有关部门的决策者从内心真正建立对这一问题的共识,仍然是个艰巨的任务。

(二) 克服公共财政投入难以普惠的制度障碍

儿童保育教育的主要责任方必须是政府,而体现政府责任的最重要表现就是公共资金投入学前教育。"国十条"明确提出要"加大政府投入",三年行动计划实施以来,学前教育投入占比也的确有了显著的增加。但政府财政投入一般要解答四个基本问题:为什么政府财政要投入?政府投入为谁服务?提供什么服务?以什么方式提供服务?只有四个问题一并回答,才能构成实现政府财政投入的"完整路线图"②。

通过教育公平来促进社会公平是公共财政投入的根本目的。学前教育公平是一种起点公平。它"能够弥补先天的不利条件和不平等,特别是对贫困家庭的儿童而言"(《全民教育全球监测报告2007:坚实的基础:幼儿保育和教育》)。大量研究表明,对处境不利幼儿的早期干预不仅可以缩小入学准备的差距,提高后续义务教育的效益,而且有利于阻断贫困在代际间恶性循环,有利于社会和谐发展。但遗憾的是,正如联合国教科文组织的报告所指出的那样,事实上,最能从儿童保育和教育计划中受益的儿童的入园机会反而可能最少(《全民教育全球监测报告2007:坚实的基础:幼儿保育和教育》),因此,2000年达喀尔会议所通过的六项全民教育目标中,第一项就是"全面扩大和加强幼儿保育和教育工作,以最易受到伤害和处境不利儿童的保育和教育工作为主"。

补偿和校正国民收入初始分配因首先考虑效益而可能造成的贫富差距,是公共财政的重要职能。公共财政的资源配置职能和收入分配职能在某种意义上,

---

① 王佳琳,郭少峰. 朝阳试点公办园委托管理. 新京报,2010-08-31.
② 曾晓东,周惠. 实现"政府主导",防止"挤出效应". 幼儿教育(教育科学版),2010(10):11-14.

是一种社会平衡机制，通过社会资源的"再调节"和国民收入的"再分配"，"抽肥""补瘦"，形成富人纳税养国家、国家财政支出暗补穷人的稳定三角结构，从而实现社会的相对公平。在学前教育领域，无论是美国的"提前开端"计划，英国的"确保开端"项目，还是众多国家和地区实施的"排富"性质的幼儿"教育券"政策，无不是在发挥公共财政"贴补穷人"、最大限度地抵消各种"累积性不平等"对贫困家庭儿童发展的消极影响的职能，以便使不同社会经济背景家庭的儿童能够有一个相对平等的起点，从而打破"一代贫困，代代贫困"的恶性循环。

把改善贫困和弱势儿童的不利处境作为国家学前教育政策的首要目标，将其所需费用纳入公共资源分配的关键性文件（国家预算、部门计划、减贫战略文件等），建立起政府主导的公共保教服务体系，同时采用多种方式支持非营利性保教机构，是世界大多数国家发展学前教育的基本思路。2000 年诺贝尔经济学奖获得者詹姆斯·赫克曼对此给予高度评价："既能推进公平与社会正义又能在整体上促进经济和社会生产力的公共政策倡议难能可贵。为处境不利的幼儿进行投资就是这样一种政策。"（《全民教育全球监测报告 2007：坚实的基础：幼儿保育和教育》）

以往，我国学前教育的投入不仅存在整体不足的问题，投入方向也颇受诟病。"有权的进公办园，有钱的进民办园，无权无钱的进无证园"这一流行在百姓中的说法，道出了学前教育公共财政投入方向错位的问题，反映了公众对学前教育领域不公平现象的不满与抱怨。

2010 年以来，中央财政实施的中西部农村学前教育推进项目和贫困家庭学前教育资助制度等，开始体现公共财政"扶弱保底"的基本职能。然而，长期形成的公共财政经费主要投向教育部门办园的制度，导致一些地方尤其是城市的公办园（主要是教办园）随着学前教育经费的增加，办学条件也随之攀升，与其他类型幼儿园的差距越拉越大。而在教办园占比较低的地方，能够进入这些幼儿园的孩子不仅往往"非贵即富"，而且享受着公共财政的大幅度补贴。以某省为例，该省教办园的生均教育成本大概为 1.1 万元，家长缴费 3 000 元，政府实际负担了 8 000 元[①]。质优价廉，自然使得教办园成为人人欲求的香饽饽。"入园难"在这种情况下必定成为一个永远解不开的难题。

在公共服务领域，政府的政策目标应该是"保底"或称"底线均等"，即保障所有国民都享有一定标准的基本公共服务，同理，公办园也应该是底线均等

---

① 刘焱，史瑾，裴指挥．"国十条"颁布后学前教育发展的现状与问题．教育发展研究，2011(24)：1．

的保障者。纵观国际社会，在公办园比例很高的国家和地区，其服务对象基本不做限制。而在公办园比例相对较低、难以满足广大民众需求的国家和地区，则往往将学前教育服务定位于"保底"，优先招收各种处境不利的幼儿，为其提供基准服务。这些家庭不可能通过市场获得合格的学前教育服务，"如果政府不提供保障措施来保护处于不利境地的儿童，学校体系则会成为不公平的源头"（联合国教科文组织《全民教育全球监测报告2009：消除不平等，治理缘何重要（摘要）》）。

克服公共财政难以普惠的制度障碍，是一个复杂而敏感的问题，因为它的破解，本质是一个利益再分配问题。

为了改变以往政府财政投入的问题，缓解社会矛盾，"国十条"为公办幼儿园制定了"广覆盖、保基本"的发展原则，同时提出"采取政府购买服务、减免租金、以奖代补、派驻公办教师等方式，引导和支持民办幼儿园提供普惠性服务"，这些举措对克服公共财政投入难以普惠的制度障碍无疑是一个较大的突破，但真正执行起来，特别是要达到《教育规划纲要》提出的通过教育公平推动社会公平的初衷，其难度之大可能超出想象。

例如，习惯于不办则已，一办就要办成"优质示范园"视为政绩工程的决策者能否跳出惯性思维，自觉将举办一所"高大上""窗口"园所需的千万资金改为办成几所"保基本"的"适用、够用"型普通园？那些长期存在的有条件享受低价优质服务的"小众"是否愿意放弃自己的特权而与普通大众一样等待机会的安排？

再如，政府通过购买服务等方式分担民办园的教育成本时，如何保证公共财政的投入真正惠及在园幼儿及其家庭？目前舆论宣传较多的"教育券"或类似政策似乎被视为政府分担教育成本、促进教育公平的最佳举措，但大量国际研究表明，这一举措并非如一些学者所想象和宣传的那样有效。正如联合国教科文组织在2009年指出的，要使这一举措发挥作用，前提是"政府要有足够的能力规范、监督私立教育的提供者"，"而这些条件并非是所有发达国家都具备的"。对监管制度和监管力量均显不足的我国，可能更是一个巨大的挑战。

由此，克服原有的制度障碍，建立公平的学前教育服务体系，仅仅有一般性的政策规定远远不够，许多执行中的问题还需要认真研究。

（三）关注留守儿童和流动儿童的早期发展与教育

近十几年来，我国留守儿童和流动儿童的数量日益增加，在我国儿童总数中已占有惊人的比例。2010 年，全国农村留守儿童计 6 102.55 万人，其中，学龄前儿童（0～5 周岁）为 2 342 万人，占农村留守儿童的 38.37%；而全国外来农民工随迁子女（农村流动儿童）2 877 万人，其中，学龄前儿童 981 万人，占流动儿童的 27.40%[①]。这样两个庞大儿童群体的生存、发展与教育问题，必然成为一个不能不关注的社会问题。

留守儿童与流动儿童虽然均为农家子弟，但生存环境的变化，使得他们面临的成长问题各不相同，也由此对其身心发展造成了不同的影响。全国妇联的调查发现，农村留守婴幼儿的健康与安全状况堪忧，主要表现为：（1）得不到母乳喂养和科学人工喂养的情况较严重。近 20% 的务工父母在儿童 1 岁前外出，相当数量留守婴儿由于母亲外出不能得到足够时间的母乳喂养。（2）预防接种不充分，约 12% 的留守幼儿没有打全预防针。（3）缺乏保护和自我防护意识，发生安全事故的概率较高[②]。不少研究发现，农村留守儿童往往存在着自我认识、人际关系、情绪情感、社会行为、学习习惯和学业成绩等方面的问题。父母监护是儿童社会化过程中的重要因素。与父母长期分离而造成的亲情缺失、家庭教育弱化，不可避免地会影响到留守儿童的身心健康。但又必须看到，父母外出务工而带来的家庭经济状况的变化，又会在一定程度上改善其子女的生活和教育条件。这是一个两难问题，需要综合考虑解决之道。

相对于义务教育阶段，制度障碍所造成的农村流动儿童的学前教育问题更为严峻。中国学前教育研究会受教育部有关部门的委托，以我国农民工主要流入地京、沪、渝三个直辖市以及长三角、珠三角和东北地区的四个省作为样本地区，对进城务工农民随迁子女的学前教育问题进行了调查。调查共涉及 10 个城市、19 个区（县）、30 多个乡镇（街道）和 78 所招收进城务工农民家庭子女的幼儿园。该调查发现：（1）农民工家庭社会经济地位总体偏低，生活条件较差，家庭居住安全隐患多；在流入地居住时间较长，返乡意向低；家长忙于生计，无暇照顾孩子，也缺乏教育能力，因此，对幼儿园的需求强烈；离家近、价格便宜、质量好是选择幼儿园的主要标准；但评价质量的标准有误，过于注重识字、算数。（2）农民工随迁幼儿的入园率不低，但多数进入的是无证园。多数无证园条件差，没有质量保证，违反幼儿教育规律的"小学化"现象严重。但由于这些园往往价格低廉，接送方便，服务灵活，能满足家长的最迫切需求，因此，在质优价低的公办园严重不足的情况下，这类园在农民工的刚性需求下

---

① 全国妇联课题组. 我国农村留守儿童、城乡流动儿童状况研究报告. 中国网，2013-05-18.
② 全国妇联儿童工作部. 农村留守流动儿童状况调查报告. 北京：社会科学文献出版社，2011：4.

能够顽强地存在。(3) 各地政府对解决农民工子女学前教育问题的态度不一，积极解决问题的少，力保不出问题的多。学前教育长期财政投入不足，解决户籍儿童的入园难问题已显无力，基本无暇顾及非户籍儿童是原因之一，但流入地政府和流出地政府间责任分工不明，流入地政府尤其是流动人口高度集中的大城市政府普遍担心的"洼地效应"也是一个重要原因。(4) 农民工家长们最希望获得的帮助是定期免费健康检查、获得入园机会、获得家庭教育指导、开放图书馆体育设备、政府立法保证农民工子女享受同等受教育权利[①]。

从该调查来看，绝大多数在城市生育子女的农民工家庭已没有返乡意愿，他们的孩子出生在城市、最初的生活经历在城市获得。而心理学研究发现，幼儿期是一个人对社会的认同感、归属感开始形成的时期，也是个性初具雏形的时期。长期被边缘化可能会导致青少年期的反社会倾向和行为。如果这一群体的早期教育没有得到重视，不论对这批儿童的现在还是对他们将来的发展都会造成消极影响，带来新的社会发展问题，届时将会花费更大的成本和力气去解决。因此，许多国家把学前教育，特别是面向社会处境不利幼儿的教育视为"构建国家安全网"，在能够用最少的投资获取最大的回报的阶段，把握住时机，为其提供有基本质量保障的早期教育。"预防永远好于干预。"

严格说来，农村留守儿童和流动儿童的学前教育问题已经不是一个单纯的教育问题。但无论如何，消除政策性歧视，切实保障留守儿童和流动儿童的合法权益，促进起点公平，无疑应该是我国学前教育体制改革中的应有之义。

(四) 解决幼儿园教师队伍的专业化和稳定性问题

教育部有关负责人介绍学前教育三年行动计划完成情况时，指出师资队伍建设有待进一步加强，幼儿园教师短缺、工资待遇低、队伍不稳定的现象仍存在，专业素质有待提高。

幼儿园教师短缺是当前学前教育事业发展中的一个问题，但这个问题具有暂时性，而真正不易解决而又关系到学前教育持续、健康、有质量地发展的，是教师队伍的稳定性和专业素养问题。而这一问题，又与幼儿园教师的身份、地位和待遇直接相关。

在2009年国家就中长期教育改革和发展规划纲要的制定问题利用网络公开征集意见时，有关学前教育的意见和建议中，关于幼儿园教师身份、地位、待

---

① 中国学前教育研究会. 进城务工人员随迁幼儿学前教育问题研究（调查报告）[内部资料]. 2011: 7.

遇问题的呼声很高，充分说明这是一个长期累积而至今没有解决的问题。尽管有关文件一再出台，各地也有不少积极的探索和有益的措施，但不能不承认的是，在相当多的地方，幼儿园教师的相关问题并未有实质性的解决。

虽然《中华人民共和国教师法》将幼儿园教师纳入中小学教师的概念，理应与中小学教师应处于同等地位，享受同一待遇，但后续的一些法律法规却存在一些需要补充完善的地方，如《义务教育法》第三十条提出，"国家建立统一的义务教育教师职务制度"；第三十一条强调，"各级人民政府保障教师工资福利和社会保险待遇，改善教师工作和生活条件；……教师的平均工资水平应当不低于当地公务员的平均工资水平"。虽然这些表述并没有直接否认其他学段教师的身份和政府保障其他学段教师待遇的责任，但将义务教育阶段教师问题单独列出，已在某种意义上否定了《教师法》对幼儿园教师与其他"中小学教师"一视同仁的界定。之后颁发的《关于义务教育学校实施绩效工资的指导意见》进一步加大了中小学教师中不同群体的差距。在这种情况下，中小学教师包括幼儿园教师的法律规定更加变得苍白无力。

即使《教师法》中幼儿园教师等同于中小学教师的规定能够被执行，幼儿园教师队伍整体待遇状况依然堪忧。因为，《教师法》的阳光照耀到的仅仅是有编制的"公办教师"，而在民办园占七成（2012年）的情况下，公办教师已经是一个很小的群体。对于由"集体支付工资"者来说，虽然《教师法》规定要"逐步做到在工资收入上与国家支付工资的教师同工同酬"（第三十一条），但这个"逐步做到"的"步"如何规划？有无时限？谁来保障？迄今为止，公办园内同工不同酬几乎是一个理所当然的事。"社会力量所办学校的教师的待遇，由举办者自行确定并予以保障"（第三十二条），在民办园多数规模小、投入低、队伍分散且多为处于弱势的女性从业者的情况下，教师待遇由举办者自行确定，结果如何是可以想见的。因此，在城市，幼儿园非公办教师收入不如保姆已经是一个普遍现象，在大多数农村，保教费是教师工资和养老保险的主要甚至唯一来源，这也在很大程度上决定了教师待遇很难有提升的空间。

幼儿园教师尴尬的身份、地位和待遇必然直接影响到队伍的稳定性，甚至影响到生源的质量。一项安徽省的调查发现[①]，在被调查的农村幼儿教师中，仅有23.9%的流动意向较低，其余均处于中高水平。而学历高、年纪轻、待遇差与流动意向呈显著的正相关。这一研究的结论与许多同类研究具有高度的一

---

① 黄胜梅，张爱群，蔡迎旗. 农村幼儿教师流动意向的调查研究：基于安徽省的调查. 淮南师范学院学报，2012（5）：93-95.

致性。目前许多高职高专学前教育专业招生的情况也充分反映了一点：要让幼儿园教师这个职业成为一个令人羡慕的职业、能够吸引优秀的人才还有很多工作要做。

不能否认的是，在政府强有力的政策与措施的支持下，我国学前教育改革与发展已经进入了一个新的时期。但体制改革与新机制的建立是一个长期而艰巨的任务，发展过程中还会遇到各种问题和困难。例如，中西部农村幼儿园建成后如何运转？财政支持能否制度化以形成长效机制？公办园如何成为促进教育公平的利器而不是相反？如何引导、支持和管理普惠性民办园？如何建立适应社会经济新形势的学前教育管理体制与机制？等等。

第二章
当代中国中小学教育改革与发展

一、中小学教育改革发展的主要成就

二、当代中小学教学改革的主要举措

三、中小学教育改革发展的挑战与趋势

中小学教育的改革与发展，对中国整个教育事业的改革与发展起到了奠基性的作用，也对整个中国社会的发展起到了不可忽略的促进作用。改革开放40多年来，我国中小学教育领域进行了一系列改革，发生了许多重大的变化，得到了迅猛的发展。在改革开放初期，我国的主要任务是普及初等义务教育；自1986年我国以法律形式确定实施九年义务教育开始直到1999年，我国实现了基本普及九年义务教育；2000年以来，我国在全面普及义务教育的基础上开始注重均衡发展，并在全国范围推行了基础教育课程改革；2010年以来，在巩固和提高基础教育发展成果的基础上着重推动中小学教育的内涵式发展与全面均衡和公平发展。在最近几年，作为中国基础教育的主体部分，中国的中小学教育得到了更加迅速的发展，主要表现在数量的扩大、内涵的革新以及质量的提升上。

一、中小学教育改革发展的主要成就

中小学教育可以分为义务教育和高中教育两个阶段。

（一）义务教育阶段改革发展的主要成就

改革开放40多年来，我国义务教育政策可以划分为以普及教育为要求的义务教育政策初步发展阶段（1978—1984年）、以重点建设为关键的义务教育政策非均衡发展阶段（1985—2000年）、以缩小差距为任务的义务教育政策由非均衡向均衡发展的过渡阶段（2001—2009年）、以内涵发展为核心的义务教育政策均衡发展阶段（2010年至今）等四个阶段[①]。

1980年，《中共中央、国务院关于普及小学教育若干问题的决定》明确提出"在80年代，全国应基本实现普及小学教育的历史任务"。1983年，《教育部关于普及初等教育基本要求的暂行规定》明确了普及初等教育所需要达到的基本要求，指出普及初等教育必须从实际出发，要有计划地培训教师；《中共中央、国务院关于加强和改革农村学校教育若干问题的通知》指出普及初等教育的规划和措施要落实到县和区、乡、社、队，提出争取在1990年以前基本实现普及初等教育的目标。

1985年，《中共中央关于教育体制改革的决定》明确提出要实行九年制义

---

① 祁占勇，杨宁宁. 改革开放四十年我国义务教育政策的发展演变与未来展望. 教育科学研究，2018（12）：17-20.

务教育，并规定"地方办学、分级管理"，提出用最大的努力积极地、有步骤地实施九年义务教育，将全国划分为三类地区分期分批地普及义务教育。1986年颁布的《中华人民共和国义务教育法》标志着我国基础教育进入了法制化、正规化的阶段，开启了义务教育的新篇章。1992年，党的十四大提出到20世纪末基本实现普及九年制义务教育的战略目标，《中国教育改革和发展纲要》（1993年）再次强调了于世纪末实现"普九"的目标。2000年，我国实现了"普九"的目标。

进入21世纪以来，均衡和公平发展成为我国义务教育的重点。2002年，《教育部关于加强基础教育办学管理若干问题的通知》首次提出"积极推进义务教育阶段学校均衡发展"的目标，均衡发展成为义务教育的战略性任务。2003年，《国务院关于进一步加强农村教育工作的决定》强调逐步提升教育经费标准，从而增加对农村教育的投入。2004年，国家启动西部地区"两基"攻坚计划，几年时间里投入了100亿元建设了8 300多所寄宿制学校，解决了农村学生入学路途远的问题。同时对农村义务教育阶段贫困家庭学生免杂费、免书本费、补助寄宿生生活费。2005年，《教育部关于进一步推进义务教育均衡发展的若干意见》对国家义务教育均衡发展进行了全面阐述，并确立了"逐步实现义务教育均衡发展"的目标。自2006年开始，采取招聘特岗教师等办法补充西部地区农村学校的师资。2006年6月，修订后的《中华人民共和国义务教育法》指出各级政府要对教育资源进行合理配置，对农村及特殊教育对象要进行弱势倾斜，并明确指出由县级以上人民政府以及该地区教育行政部门采取有效措施缩小辖区范围内的教育的不平衡发展，不得设定重点学校、重点班级。

2010年，《教育部关于贯彻落实科学发展观进一步推进义务教育均衡发展的意见》提出了三个方面的重要内容：将推进均衡发展作为义务教育改革与发展的重要任务；以提高教育质量、促进内涵发展为重点；加强制度建设，完善其有效工作机制。《国家中长期教育改革和发展规划纲要（2010—2020年）》提出到2020年，全面提高教育质量，基本实现区域内均衡发展。国务院及教育部门还颁发了一系列文件保障特殊群体平等接受义务教育，改进农村学校的办学条件。

经过40多年的发展，我国义务教育取得了辉煌成就（见表2-1）。自1978年以来，我国义务教育的普及率和巩固率一直在不断提升。2000年，我国已基本完成普及九年义务教育和扫除青壮年文盲的任务。2011年底，我国全面完成普及九年义务教育和扫除青壮年文盲的战略任务。截至2018年底，我国共有普通小学

表 2-1 1978—2018 年我国义务教育阶段在校生数变化

单位：万人

年份	1978	1985	1990	1995	2000	2005	2010	2015	2018
初中	4 995.170 0	3 964.830 0	3 868.650 0	4 657.820 0	6 256.300 0	6 214.900 0	5 279.300 0	4 312.000 0	4 652.585 4
小学	14 624.000 0	13 370.200 0	12 241.380 0	13 195.150 0	13 013.300 0	10 864.100 0	9 940.700 0	9 692.200 0	10 339.254 1
特殊教育	3.090 0	4.170 0	7.200 0	29.560 0	37.800 0	36.400 0	42.600 0	44.200 0	66.594 2

资料来源：(1) 2000 年以后的数据来源于中华人民共和国国家统计局网站；(2) 2000 年以前的数据来源于历年《中国教育统计年鉴》。

16.18万所，全国普通小学招生1 867.30万人，在校生10 339.25万人，小学毕业生升学率为99.1%。全国普通小学共有专任教师609.19万人，专任教师学历合格率达到99.97%，专任教师中本科及以上学历的比例为59.12%。全国普通小学共有班数275.39万个，其中大班额17.87万个，大班额占总班数的比例为6.49%，大班额比例在逐年下降。全国共有初中5.20万所，全国初中招生1 602.59万人，在校生4 652.59万人，初中毕业生升学率95.2%。全国初中共有专任教师363.90万人，专任教师中学历的合格率为99.86%，专任教师中本科及以上学历的比例为86.22%。全国初中共有班数100.10万个，其中大班额8.63万个，大班额占总班数的比例为8.62%，大班额比例下降迅猛[①]。

经过十几年的努力，在义务教育均衡和公平方面也取得了重要成就。截至2017年，90%以上的残疾儿童享有受教育机会；80%以上的进城务工人员随迁子女在流入地公办学校就学；全国2 379个县（市、区）通过义务教育发展基本均衡督导评估，约占全国总数的81%，11个省份整体通过；高考录取率最低的省份与全国平均水平的差距从2010年的15.3个百分点缩小到2017年的4个百分点内[②]。

（二）高中教育阶段改革发展的主要成就

改革开放以来，我国普通高中教育政策的演进经历了缓慢发展阶段（1978—1992年）、探索发展阶段（1993—2009年）、黄金发展阶段（2010年至今）三个阶段[③]。

在改革开放最初的十几年，我国颁布的普通高中教育政策有《关于办好一批重点中小学的试行方案》《中共中央关于教育体制改革的决定》《关于进一步提高普通中学教育质量的几点意见》等。尽管有了政策的指引，但是这一阶段教育的发展重点为"双基"，难以筹集到资金投入普通高中教育中去，普通高中学校数量和招生人数锐减。

从1993年《中国教育改革和发展纲要》开始，普通高中教育开始受到重视并发展。在1993年之后的政策文本中，普通高中的发展限制慢慢放宽，入学人数逐年增加。2000年"普九"任务完成之后，大量的初中毕业生对高中教育有

---

① 教育部举行2018年教育事业发展有关情况发布会. http://www.scio.gov.cn/xwfbh/gbwxwfbh/xwfbh/jyb/Document/1647775/1647775.htm.
② 朱永新. 光荣与梦想：中国基础教育四十年. 中国教育报，2018-11-29.
③ 祁占勇，陈慧慧. 改革开放40年我国普通高中教育政策的演变逻辑与未来选择. 基础教育，2018（6）：32-34.

着更大的需求，经济的持续快速增长也需要更多的技术人员和专业人才。《关于大力办好普通高级中学的若干意见》《全日制普通高级中学课程计划（试验修订稿）》《国务院关于进一步加强农村教育工作的决定》《教育部关于进一步加强普通高中新课程实验工作的指导意见》《教育部关于进一步规范普通高中建设兴办节约型学校的通知》等文件在这一时期密集出台。同时这一时期的高中课程改革得到了关注，2001年国家基础教育改革明确了课程功能、课程结构、课程内容、课程实施、课程评价、课程管理等六个方面的改革目标。2005年又从新课程实验工作的领导、工作机制的建立、教师培训和考试招生制度以及工作督导等几个方面进行了规定。

2010年后，普通高中教育政策的侧重点是加速普及。在此期间，国家颁布的教育政策中，与普通高中教育相关的有《教育规划纲要》《教育部关于进一步推进高中阶段学校考试招生制度改革的指导意见》《高中阶段教育普及攻坚计划（2017—2020年）》《普通高中课程方案和语文等学科课程标准》《深度贫困地区教育脱贫攻坚实施方案（2018—2020年）》等。在这一系列政策中，对普通高中教育提出"推动多样化发展"的目标，对高中教育的意义进行了明确定位，进一步规范了普通高中的发展，对普通高中的部分课程做了新的规定，加强贫困地区高中教育的普及。

我国普通高中的发展数字也与相关政策紧密相关，表现出"落-涨"的趋势。普通高中数量从1978年的49 215所下降至1992年的14 850所，普通高中招生人数从1978年的692.9万人逐年下降到1992年的234.7万人；1993年之后，普通高中招生人数开始回升，从1993年的228.3万人次到2005年的877.7万人次，增加近三倍；在校人数更是逐年增加，至2007年达到最高值2 522.4万人[1]。截至2018年底，全国普通高中共有学校1.37万所，招生792.71万人，在校生2 375.37万人。普通高中专任教师181.26万人，专任教师学历合格率98.41%[2]。

二、当代中小学教学改革的主要举措

中小学教学是我国教育改革与发展的重中之重，近年来对中小学教育领域

---

[1] 中华人民共和国国家统计局教育年度数据. http：//data.stats.gov.cn/easyquery.htm？cn=C01.
[2] 2019教育新春系列发布会之四：介绍2018年教育事业发展有关情况. http://www.moe.gov.cn/fbh/live/2019/50340/twwd/201902/t20190226_371310.html.

的改革举措也是非常全面的，涉及课程、教学、评价、教师、教育公平以及综合改革等多个方面。

（一）课程改革

2001年发布的《基础教育课程改革纲要（试行）》标志着中国中小学新一轮课程改革的开启。这次课程改革是近十几年以来中小学教育改革的核心，它涵盖的内容相当全面。首先，《基础教育课程改革纲要（试行）》中提出了这一场课程改革的系统化的方略。其次，这次课程改革提出了一系列新的课程基本理念，其中包括关注学生作为"整体的人"的发展、统整学生的生活世界与科学世界、寻求学生主体对知识的建构、创建富有个性的学校文化[①]。再次，正式形成三级课程决策体制，即国家层次、地方层次、学校层次的课程决策，大力提倡校本课程开发。最后，实现学生学习方式的转变，在转变中，特别强调研究性学习、合作学习、体验学习等。这些改革在进入新世纪时已经开始，在最近几年，这些发展仍然在继续。新一轮基础教育课程改革的成效与问题俱存。首先，新一轮基础教育课程改革取得了多方面的成效，主要包括：学生素养得到提高，如上海学生先于2009年和2012年参加PISA测试，都取得了世界第一的成绩；大量学校不断地开发校本课程，建设了多样化的课程体系，有些条件好的高中已经给学生提供AP课程；课程改革促进了教师专业发展，更新了教师的观念，增强了教师的能力，更新了教师的知识体系；促使各方面相关人士形成或增强了教育变革与创新的意识，使这些方面的人士更充分地认识到教育需要不断革新。

2014年，《教育部关于全面深化课程改革落实立德树人根本任务的意见》明确提出注重学生核心素养的发展。大约从2015年开始，我国中小学教育界广泛而高度地注重学生核心素养的发展，2015年11月召开的中国教育学会第28次学术年会就是以"核心素养与适合的教育"为主题的。2016年以来的我国中小学课程改革，就是基于学生发展核心素养的研究与实践热潮。这个新阶段课程改革的其他聚焦点有：第一，注重学生在素质全面发展的基础上实现个性化的发展，因此，注重建设全面而多元化、多样化的课程体系，其中，校本课程日益发展；第二，课程编制特别注重基于学习，注重以学习为中心，按照学习的规律和思路来编制课程，过去以教为中心的学习材料目前正在转变为以学习为中心；第三，在学习方式上，特别注重学生的自主学习、个性化学习、研究

---

① 钟启泉，崔允漷. 新课程的理念与创新：师范生读本. 2版. 北京：高等教育出版社，2008：1.

性学习等，以有效地培养学生多方面的能力。

重庆市巴蜀小学在课程综合化改革方面做出了重要探索，并在 2018 年获得了基础教育国家级教学成果特等奖。巴蜀小学"基于学科育人功能的课程综合化实施与评价"项目以立德树人为导向、以国家课程为主干、以学科育人为基础，历经 18 年的实践探索形成了以"学科＋"为显著特征的课程综合化实施模式，有效促进了国家课程、地方课程、校本课程的三级融合。巴蜀小学的"学科＋"有四层含义。首先是"学科＋学科"，它基于学科融合的观念，注重打通各学科之间的壁垒，促进学科融合。数理化学科相互衔接，政史地学科相互衔接，音体美整合，打破了学科的单一化，扩大了学生的视野，提升了学生综合解决问题的能力。其次是"学科＋生活"，扩大学科知识的运用，促使知识向技能转化。通过学科与生活的结合，来解决高分低能的问题，实现学以致用的目标，解决抽象学科与直观现实二者疏远的关系。再次是"学科＋技术"，利用互联网技术，实现个性化学习，满足不同学生的学习需求。最后是"学科＋评价"。以全动力为目标创建了"三力评价"指标体系，即潜力评价、学力评价、活力评价，达到激发内驱力的目的，促使学生成为更好的自己。

（二）教学改革

与课程改革最直接相关的是教学改革。中国长期以来一直注重教学改革，近几年以来，教学改革更加全面和深化，主要可以分为以下五种类型：

第一类教学改革是继续实行过去已经形成的、国内产生的教学体系或教学模式。例如，叶澜教授主持的"新基础教育"中的教学改革、朱永新教授等人创立的新教育实验中的教学改革、熊川武教授的"自然分材教学"、郭思乐教授的"生本教育"中的教学改革、杜郎口中学的教学改革、洋思中学的教学改革、北京市十一中学的教学改革等。当然，在延续进程中，原有的教学体系和教学模式一般都有新的发展。

第二类教学改革是学习国外的教学体系或教学模式。学习国外的教学体系或教学模式，已经有较长的历史；近几年以来，这种情形继续存在。比如，学习国外的任务型教学法、分层教学法等。

第三类教学改革是形成一些新的教学体系、教学法或教学模式。例如，许多学校创立了各自的"高效课堂"之类的教学模式。上海师范大学丁念金教授团队创立了"优质学习体系"，它强调学习具有充分的意义、高度地符合学习规律、具有充分的效果这三重内涵。上海义务教育阶段数学教学模式在 2018 年获得基础教育国家级教学成果特等奖，该模式甚至推广到了海外。上海市教委创建了以立德树人、创新实践为标志的数学课程体系，关注不同学生的数学需要，培育学生终身学习的基础，彰显课程育人价值；形成了以教学方式变革为标志的数学教学体系，重视数学基础和能力发展，强调"知识建构"与"问题解决"相结合，从组织方式、认知方式和活动方式等方面变革课堂教学方式，形成了海派文化的数学课堂；建立了以改进教学为标志的数学学业质量评价体系，树立结果与过程同步提升的学业质量观，围绕提高评价的解释性和稳定性，研制评价框架与工具，把标准、教学、评价融为一体；优化了以服务课改为标志的数学教研专业保障体系，扩大课程视域、拓展教研范畴，建立项目机制、强化团队建设，研制教研工具、推进基于证据的教研，实现数学教研转型。

第四类教学改革是适应一些特别课程的要求而进行的教学改革。近年来，越来越多的学校在进行校本课程开发，在此过程中开发出一些特殊的课程，这些特殊的课程对教学也有特殊的要求，为适应这些特殊要求，相关学校就进行着一些相应的教学改革。

第五类教学改革是为适应新高考的要求而进行的新的教学改革。2015年前后，我国各地相继出台新高考政策，新高考政策中规定的高考改革之一是一定程度的个性化，即实行一定范围的考试科目选择。因此，在未来的高考中，不同的学生在一定范围内将选择自己感兴趣或擅长的考试科目，为了尽可能地学好这些科目，就提前在课程实施中进行科目选择，其基本形式之一是实行选科的"走班制"教学改革。

近几年的教学改革的实际情况无疑是非常复杂的，但我们可以从中分析出一些基本特征，主要有以下几点：

第一，特别注重自主学习。注重自主学习是近年来甚至更久时间以来教学改革的一个特别重要的特点。许多学校的教学改革都注重这一特点，杜郎口中学的"三三六自主学习教学模式"就是一例。注重自主学习是对的，因为自主是每个人的需要，对学生一生的学习、生活和工作都起着重要作用，而且通过教师的指导和学生自己的锻炼，学生的自主能力是可以发展的。

第二，比较注重差异教学。由于学生的个性差异是客观存在、不可忽略的，为了适应学生的个性差异，教学就需要注重差异教学。近年来的教学改革，比较注重差异教学。例如，熊川武教授的"自然分材教学"就注重学生的个性差异；上海中学的教学改革，就注重遵循学生的"志""趣""能"等方面的个性差异。又如，近年来很流行的分层教学也是一种差异教学，当然，关于分层教学存在较大的争议。

第三，特别注重合作学习。合作学习本来早已有之，近年来它受到更多的重视。许多学校的教学体系中，都将合作学习作为一种特别重要的学习方式。其中，以下两种形式的合作学习特别流行：一是在研究性学习中进行合作，多个学生通过分工合作而完成作为学习的研究，即有大量的合作学习；二是在其他相关学习活动中对学生进行分组，在一个组之内，学生在学习上互相帮助。

第四，注重探究性学习。过去的教学，比较普遍地过于注重传授现成的知识，而在近年来的教学改革中，许多学校注重学生的探究性学习。例如，许多学校实施的教学模式或教学法中，一种特别重要的学习方式或学习环节是"探究"。

（三）教育评价改革

众所周知，教育评价在整个教育实践中起着引领、推动、检测、改进等重要作用，教育评价改革是落实整个教育改革的非常重要的一环。因此，近年来，我国非常注重教育评价改革。

早在2001年发布的《基础教育课程改革纲要（试行）》中就对教育评价的改革提出了一些设想：建立促进学生全面发展的评价体系，建立促进教师不断提高的评价体系，建立促进课程不断发展的评价体系，继续改革和完善考试制度[①]。此后，教育评价的改革逐渐展开。近年来，我国中小学教育评价改革的内容主要有：

第一，既进行学业水平考试的改革，又推行综合素质评价。2014年12月，《教育部关于普通高中学业水平考试的实施意见》和《教育部关于加强和改进普通高中学生综合素质评价的意见》印发。学业水平考试已经得到较长时间的提倡和实施，近几年，这种评价继续实施并在改革过程中，这种改革有政策层面的，也有实践层面的。综合素质评价是基本上与学业水平考试相对的一个评价领域。越来越多的人高度认识到，综合素质的发展对于学生的成功与幸福、对于社会发展与和谐来说至关重要。为了有力地促进学生综合素质的发展，人们开始大力提倡综合素质评价，并在一定范围内实施综合素质评价，并且在相关政策上得到明确的体现。

第二，注重学习过程的评价。学习过程是非常重要的：首先，为了取得好的学习结果，就需要高质量的学习过程；其次，学习过程本身作为一种生活

---

① 钟启泉，崔允漷，张华．为了中华民族的复兴，为了每位学生的发展：《基础教育课程改革纲要（试行）》解读．上海：华东师范大学出版社，2001：9-10．

（学习生活），其质量也很重要，例如，学生在学习过程中的充实而愉快的生活很重要。为了提升学习过程的质量，有力地促进学生完成真实性任务的能力和其他素质的发展，近年来，我国中小学日益注重真实性评价。真实性评价的范围较广，其中，我国中小学特别注重的真实性评价有表现性评价和档案袋评价（或称成长记录袋、代表作选辑评价等）。

第三，开展全国范围的基础教育质量综合评价与监测。全面提高教育质量是《国家中长期教育改革与发展规划纲要（2010—2020年）》的一个基本宗旨。为了促进教育质量的全面提高，我国近年来注重开展教育质量综合评价。2013年6月，《教育部关于推进中小学教育质量综合评价改革的意见》印发。同时，教育部成立了基础教育质量监测中心，对全国基础教育阶段学生的学习质量和身心健康状况以及影响学生发展的相关因素进行全面、系统、深入的监测。2015—2017年，教育部基础教育质量监测中心组织实施了第一周期国家义务教育质量监测，以四年级、八年级学生为对象，分年度开展德育、语文、数学、科学、体育与健康、艺术六个学科监测工作，并对各学科的课程开设、条件保障、教师配备、学科教学以及学校管理等相关因素进行测查。这三年间，共抽取全国31个省（自治区、直辖市）和新疆生产建设兵团的973个县（市、区）的572 314名学生参加监测。同时，监测还对19 346名中小学校长、147 610名学科教师及班主任教师进行了问卷调查。2018年该中心发布了我国首份《中国义务教育质量监测报告》，监测发现学生人生观积极、学习表现良好等，但同时也发现当前仍存在重智育轻体育美育、学生综合实践能力相对缺乏、课业负担偏重等问题[①]。

第四，设计新高考改革方案。高考对于中小学教育实践及其质量、对于高等教育与基础教育的衔接所起的作用巨大。2014年，《国务院关于深化考试招生制度改革的实施意见》印发。此后，全国各地陆续研制了新一轮的高考改革方案，制定了相关的新高考政策。2017年，上海、浙江第一批高考综合改革试点平稳落地，北京、天津、山东、海南第二批改革试点顺利启动。两批试点省份在完善高中育人方式、增强学生综合素质、优化高校选才方式等方面进行了积极探索，取得了有益的经验。从2018年秋季入学的高一学生开始，河北、辽宁、江苏、福建、湖北、湖南、广东、重庆等八省市启动高考综合改革。我国新高考政策既有差异性又有统一性。例如，在上海和浙江等地，高考改革的总

---

① 教育部基础教育质量监测中心．中国义务教育质量监测报告．http://www.eachina.org.cn/shtml/4/news/201807/1749.shtml．

体格局是新高考体系由三个部分组成：一是正式的高考，采取考语文、数学、外语这三门必考科目加若干门选考科目的形式；二是综合素质评价；三是学业水平考试。学生此三个方面的成绩按照一定的比例构成高考总成绩。

（四）教师教育改革

教师教育主要包括教师的职前培养和教师的在职培训等。教师教育在整个中小学教育中占有特别重要的位置。教师教育改革不仅是中小学教育改革与发展的关键，而且是增进教师本身成功与幸福的必由之路。因此，近年来，我国特别注重中小学教师教育改革与发展，其中比较重要的有以下几方面：

第一，研制、颁布和实施教师教育标准。2012 年，教育部印发《中学教师专业标准（试行）》《小学教师专业标准（试行）》《幼儿园教师专业标准（试行）》。之后，较快地实施这三个教师专业标准。

第二，开展师范教育的全面改革。师范教育是教师的职前培养的主要形式。近年来，为了向中小学输送新的教育形势下的合格教师，我国师范教育改革是全面而深刻的，涉及培养模式的改革、课程的改革、教学的改革等。2017 年 10 月，为规范引导师范类专业建设，建立健全教师教育质量保障体系，提高教师培养质量，教育部又发布了《普通高等学校师范类专业认证实施办法（暂行）》。《实施办法》提出专业认证以"学生中心、产出导向、持续改进"为基本理念，其中，"学生中心"强调以师范生为中心配置教育资源、组织课程和实施教学；"产出导向"强调以师范生的学习效果为导向，对照师范毕业生核心能力素质要求，评价师范类专业人才培养质量；"持续改进"强调将评价结果应用于教学改进，推动师范类专业人才培养质量的持续提升[①]。

第三，改革中小学教师准入、任用与考核制度。中小学教师准入制度改革，特别重要的是实行教师资格考试制度，开始是各地分别进行这类考试，然后过渡到全国统一考试。教师任用制度的改革是多方面的，其中包括晋级制度的改革，中小学教师的职称逐渐过渡到统一为初级、中级、高级三级以及正高级。教师任用制度的改革还有多方面的举措，诸如教师流动、城乡学校教师任用的逐渐均衡化、公立学校与私立学校教师任用之间的互相促进等。教师考核制度的改革因具体地方和学校而异，各地、各学校通过改革教师考核制度，以激发广大教师的积极性和创造力。

---

① 教育部关于印发《普通高等学校师范类专业认证实施办法（暂行）》的通知. http：//www.moe.gov.cn/srcsite/A10/s7011/201711/t20171106_318535.html.

第四，大力加强教师的在职培训。教师的在职培训一直受到重视，重视程度日渐提高。近年来，教师在职培训的形式主要有：一是新教师基本教学规范之类的培训；二是师徒制式的培训；三是校本教研式的培训；四是请相关专家等方面的人士来校为教师做讲座；五是到进修学院或高校进修；六是通过系统化学习提升学历层次的教师教育；七是结合教育改革进行相应的培训；八是策划和实施一个系统而浩大的国家层级的骨干教师培训计划，即"国培计划"。中国中小学的在职教师培训已经引起了国际社会的广泛关注。

2018 年 1 月发布的《中共中央 国务院关于全面深化新时代教师队伍建设改革的意见》是新中国成立以来党中央出台的第一个专门面向教师队伍建设的里程碑式政策文件，吹响了推进教师队伍建设改革的集结号。《意见》发布一年来，教育部推动实施了十个"一"行动，画出改革的详细施工图：启动一项振兴计划，全面振兴教师教育；实施一个引领工程，启动师德师风建设工程；开展一项关键工作，开展好高校思政课教师队伍建设年工作；完成一项底部攻坚，打好落实乡村教师支持计划攻坚战；补上一个薄弱短板，大力加强幼儿园教师队伍建设；开展一项创新行动，启动人工智能助推教师队伍建设行动；推动一项法律修订，尽快完成《教师法》修订；等等[1]。

（五）促进教育公平

教育公平不仅直接影响到学生受教育的合理权利和教育质量，而且影响到社会舆论、社会风气、社会参与度、社会和谐稳定等多个方面。在 2018 年召开的全国教育大会上，"促进教育均衡发展"再次成为重要关键词。

近年来，在人们对教育公平问题广泛而强烈的关注之下，我国一直注重采取相关措施来促进教育公平，其中主要措施有：

第一，维系长期以来的高考和中考制度。从学术角度来看，过度注重学业考试的高考和中考制度，是不太利于学生的全面而个性化的发展的，也不太利于中小学教育的改革。为此，有些人士提出要废除高考制度和中考制度。不过，也有另外一些人士认识到，在社会信誉制度等各方面配套条件尚不成熟的情况下，现存的高考和中考制度有利于维系教育公平，因此，相关方面在努力地维系现存的高考和中考制度，只是在维系的基础上做适当的改良，而不是颠覆。

第二，实行免试就近入学。免试就近入学是一项实行较久的措施，近年来，

---

[1] 打通新时代教师队伍建设改革"最先一公里"：《中共中央 国务院关于全面深化新时代教师队伍建设改革的意见》颁布实施一周年综述．中国教育报，2019－02－18．

这一措施进一步细化、刚性化和定量化。例如，教育部于 2014 年 1 月出台了《关于进一步做好小学升入初中免试就近入学工作的实施意见》，规定了一些新措施。2019 年 3 月又发布了《教育部办公厅关于做好 2019 年普通中小学招生入学工作的通知》，针对社会培训机构以"国学班""读经班""私塾"等形式替代义务教育等非法办学行为做了纠正。当然，关于免试就近入学的相关措施，目前还存在争议。

第三，促进城乡中小学教育均衡发展。在这个方面的措施是多方面的，例如，缩小城乡学校师资力量配置的差距，建立乡村教师生活补助制度，实行各类相关教师为农村支教服务，实行农村教育硕士计划，实行特设教师岗位计划，实行城乡教师轮岗交流，实行农村教师专项培训等。这就在中小学教育中的"教师"这个关键方面下足了功夫。截至 2019 年 3 月，全国有 2 717 个县实现义务教育基本均衡发展，占全国总县数的 92.7%；中西部地区实现义务教育基本均衡发展的县数比例达到 90.5%；自 2015 年以来，338 个县共补充教师约 22 万人，其中音、体、美、科学、信息教师约 4 万人，占比 18%；参与交流的校长和教师有 29 万人次[①]。

第四，推行中小学基础设施和办学条件均衡化和标准化。这方面的措施也是多方面的，例如，实施义务教育学校的标准化建设工程，实施农村中小学现代远程教育工程，实施农村寄宿制学校建设工程，实施农村中小学危房改造工程，实施中西部农村初中校舍改造工程等。这些在教育资源配置的公平化方面起到了重要的作用。据不完全统计，自 2015 年到 2018 年底，督导评估认定的 18 个省（区、市）的 338 个县在义务教育阶段累计投入 2 544 亿元，新建学校 1 598 所，改扩建学校近 4 万所，新增学位 368 万个，累计建设各类校舍面积 5 097 万平方米，新建体育运动场馆 4 424 万平方米，新增实验室、功能室 13 万间，新增教学仪器设备价值 1 194 亿元，新增图书 2.2 亿册，新增计算机 163 万台[②]。

第五，推行学校之间的高质量均衡化建设。这方面特别重要的措施有：普遍地加强薄弱学校建设，这项措施开展得较早，近年一直在继续；开展"新优质学校"建设，将教育资源不够充足的学校建设成新型的优质学校，这类建设首先于 2011 年初在上海正式实施，实施几年来取得了很好的效果，北京等地也展开了这类建设；不同层次的学校组团发展，在一些学校组成的团中，各个学

[①②] 教育部：全国 92.7% 的县（市、区）实现义务教育基本均衡发展. http://www.moe.gov.cn/fbh/live/2019/50415/mtbd/201903/t20190327_375633.html

校之间实行资源共享,高水平的学校起带头作用;探索名校集团化办学,以充分发挥名校等教育资源的积极作用。

（六）中小学教育综合改革

教育是一个相互关联的、牵一发而动全身的整体,而且教育问题积累已久,已经形成一系列全局性的问题。为了解决各类问题,全面提升教育质量,就需要开展教育综合改革。较长时间以来,我国一直重视中小学教育的综合改革;近年来,我国在中小学教育综合改革方面取得了较大的进展,主要表现在学校和个人层面、政府层面。

在学校和个人方面,有几个著名的例子。其一是华东师范大学叶澜教授主持的"新基础教育"中的学校整体转型的研究与实践;其二是朱永新教授等人主持开展的"新教育"中的学校整体转型;其三是北京市十一学校李希贵校长主持探索的学校整体转型;等等。此外,一些人开始进行第三代学校或学校3.0的探索。上海师范大学丁念金将自古以来的学校划分为三代,认为从目前正在逐步地向第三代学校转变。

政府在中小学教育综合改革上的努力也是显著的。例如,较长时间以来,上海等地就是教育综合改革区域。近年来,政府方面的中小学教育综合改革的部分重要举措有：一是发布中小学教育综合改革的文件,例如2013年1月,《教育部关于2013年深化教育领域综合改革的意见》印发,党的十八届三中全会于2013年11月12日通过的《中共中央关于全面深化改革若干重大问题的决定》中的部分重要内容是强调深化教育领域综合改革;二是建立多个教育综合改革实验区,例如整个上海市就是一个教育综合改革实验区,另外还有许多的教育综合改革实验区;三是进行新型学校的建设,例如"新优质学校"的建设;四是开展教育质量综合评价,以有力地推动教育综合改革。

三、中小学教育改革发展的挑战与趋势

21世纪以来的新一轮基础教育课程改革的实施,由于改革幅度较大而带来一些困惑和争论。"王（王策三教授）-钟（钟启泉教授）之争"就是一个著名的例子。他们的争论实际上更多的是新课程实施的争论,即教学领域的争论。比如在对知识的态度上,所设计的课程本身并没有轻视知识的迹象或观念,只是在课程实施（主要是教学）环节,有许多专家强调学生学习兴趣和能力而非

知识。他们的争论有一定的积极意义,推进了相关主题的学术研究,同时促进了人们从多种立场、多个角度探讨知识问题。虽然教学改革存在多种困惑和困难,但是,从当前整个教学改革形势、教学的历史演进、教学规律等方面来看,全面而深刻的教学改革是大势所趋。这场教学改革,是在当前新的历史背景和教育情势之下,较多地吸收古代及现代的教学体系中的合理要素,充分吸收当代教学等领域研究的新成果,逐渐构建了一个包容性强、综合程度高、创新度大的优质高效的新教学体系,对此,不少人做了整合性分析,丁念金的分析就是一例[①]。教学改革将是一个逐渐开展和深化的过程。

当前,中国教育改革中涉及的最严重且最紧迫的问题之一是教育评价问题。教育评价问题不仅直接引导和制约着相关的教育行为从而制约着教育质量,而且直接关系到教育公平。较长时间以来,我国的教育评价体系相对来说比较落后,因此受到人们广泛而激烈的批评,认为当前的考试制度(包括高考制度)严重地阻碍着教育改革的开展和教育质量的全面提高。因此,主张全面改革考试制度者有之,主张废除考试制度者也有之。然而,许多人认识到,如果废除考试制度,那么教育公平如何得以保障?特别是,贫寒家庭的子女如何成功地实现阶层之间的流动和跃升?再有,教育本来是以促进学生全面而个性化的素质发展为基本宗旨的,如果让教育评价起到有效地促进学生素质全面而个性化的发展的作用,那么,如何合理有效地评价学生的素质,又如何个性化地评价学生的素质?在教育评价领域,人们存在重重困惑。不过,研究表明教育评价改革还是有美好前景的。第一,学生的知识技能之外的其他素质,也是可以评价的,例如,创造力就是可以评价的,已经有很多创造力测评方案。第二,通过改变教育评价的思路,例如增加评价的选择性,是可以在一定程度上实现教育评价的个性化的。第三,通过扩大教育体系本身的均衡与公平,提高各级各类学校教育的质量,教育公平问题可以缓解,这有利于开展相对全面、合理而公平的评价。第四,通过形成和增强"正义"观念,可以促进教育评价的合理化、全面化和个性化。"正义"承认正常的、合理的差异性和有效性,而不是强求大家都一致。当人们较普遍地形成明确的正义观念之后,教育评价就可以较有效地摆脱"一刀切"的状况了。

我国中小学教师教育的改革,也存在多方面的挑战。其一,许多人认识到,我国中小学教师的整体素质还有待提高,例如,有人认为,新一轮基础教育课程改革推进艰难、教育综合改革推进艰难的关键原因之一就在于教师素质不能

---

① 丁念金. 重建教学体系:一种必然. 湖南师范大学教育科学学报, 2015 (1).

适应教育改革与发展的要求。其二，许多人发现或认识到，我国教师培训投入的人力、物力、财力非常巨大，而收到的效果一般。如何显著地提高教师教育的实效性，成为一个难题。其三，在职教师的工作与学习压力太大。教师既要承担繁重的教学工作、教育科学工作、课程开发工作，又要接受大量的培训，压力大，超过了部分教师所能够承受的程度。其四，在职教师的生活压力大。我国中小学教师收入偏低，而生活成本又较高，教师的生活压力较大。如何让我国中小学教师教育顺利而有效地改革和发展呢？从已有的相关探索来看，为了克服教师教育的上述困惑，未来需要做好如下几个方面的工作：一是基于基础教育的改革与发展，探索提高中小学教师素质的有效机制和途径；二是从教师学习、经济投入与产出、培训运行机制等角度探索各类教师培训的高效机制；三是继续探索基础教育改革，基于基础教育改革的探索成果，来策划和设计教师教育的有效方略，包括为教师减轻教学等工作压力的方略。

虽然我国在中小学教育公平方面做了大量的努力，但是仍然存在不少问题。例如，各地的高校入学率之间存在较大差距；在部分城市，入学机会受户口限制较多；同一学段的不同学校在生源、师资、其他资源方面仍然存在较大差异；等等。留守儿童和流动儿童的教育问题虽得到了较大程度的解决，但仍然需要下力气解决。中国青少年研究中心 2014 年 5 月对五省一市 4 500 多名农村留守儿童进行了调查，一方面发现他们总体上形成了比较积极的价值观，对未来怀有希望，向往城市生活，家庭关系良好；另一方面也发现其成长中存在着意外伤害的比例高，社会及情感支持欠缺，烦躁、孤独、易怒，学习与生活习惯差，受欺负、被歧视等消极体验多等突出问题。"上学路上儿童心灵关爱中心"发布的《中国留守儿童心灵状况白皮书（2015 年）》则更具体地揭示，留守儿童的消极情绪（迷茫、烦乱）指数显著高于非留守儿童[1]。截至 2018 年 8 月底，全国农村地区仍有 697 万留守儿童，尽管与 2016 年的全国摸底数据比起来下降了 22.7%，但总数量仍然比较庞大，尤其是在四川、安徽、湖南、河南、江西、湖北、贵州等省，留守儿童数量依然很高[2]。与农村留守儿童面临的问题不同，农村流动儿童面临的则是身份认同与社会融入问题。农村流动儿童是指在城市社会生活中处于边缘地位的一个特殊群体。他们随父母从农村来到城市生活、学习，许多儿童甚至出生于城市、成长于城市，却因为户籍制度所造成的身份分类与文化隔阂，成为城市中的"农村人"，农村中的"城里人"，使其身份认

---

[1] 中国留守儿童心灵状况白皮书（2015）. 新华网，2015-06-30.
[2] 2018 年农村留守儿童数据. http://www.mca.gov.cn/article/gk/tjtb/201809/20180900010882.shtml.

同陷入一种进退两难的尴尬状态。尽管义务教育的实施有利于破解制度障碍、保障农村流动儿童享受相对公平的受教育机会，缓解其身份认同危机，但仍有不少研究表明，来自社会和学校内部的身份认同障碍依然存在，不仅在一定程度上阻碍了他们与社会的融合，而且直接影响到了他们健康人格的形成。有研究发现，农村流动儿童的歧视知觉比较强烈，有近四分之一的流动儿童认为城里人歧视他们；有38％的流动儿童认为同学看不起自己；自卑感、焦虑感、孤独感、抑郁感等消极情绪明显，安全感、幸福感降低[1]。如何更快更好地解决留守儿童和流动儿童的问题，仍然是摆在社会和政府面前的一项重要任务。在教育公平化的重重困难面前，人们在继续努力探索和实践，在试图通过多条途径，例如全面促进教育质量的提升、重视合理分流而非分层等途径，促进中小学教育的进一步公平化。人们正在展望实现深层次公平的中小学教育格局。

中小学教育综合改革也存在一些困惑。教育中的单项改革都很艰难，综合改革就更加艰难了：教育综合改革向什么方向进行？如何进行顶层设计？已有的教育综合改革的成果如何推广？例如，北京市十一学校的教育综合改革取得了成效，教育部提倡推广该校的改革成果，然而许多人认为，学校和学校之间的差异很大，北京十一学校的综合改革成果是难以复制的。不过，从已有的情况可以判断，中国的中小学教育综合改革将有美好的前景，这是因为：一是有政府的大力倡导、支持和保障；二是有教育学者的研究；三是有教育实践者的实践探索热情。从已有的情况来看，要开创中小学教育综合改革的美好前景，还有大量的事情要做：一是在新的国内与国际形势之下重新系统地探索和梳理教育规律，以此作为探索综合改革的系统性的理论基础；二是系统地分析长期以来教育存在的全局性、综合性的问题及其形成原因，以便针对性地开展下一步的改革；三是全面构建未来人类对中小学教育的需求和愿景；四是全面地发现、挖掘、创造和利用进行教育综合改革的各类条件，以便顺利地进行教育综合改革。

---

[1] 陈艳君.流动儿童心理健康研究述评.南京人口管理干部学院学报，2012（7）：33-34.

第三章
当代中国高等教育改革与发展

一、高等教育改革与发展的主要成就

二、高等教育改革与发展的基本经验

三、高等教育改革与发展的趋势与挑战

世纪之交,中国高等教育迈出了大改革大发展的坚实步伐,高等教育的跨越式发展较好满足了社会经济和文化发展的需求,不断满足了人民群众日益增长的接受高等教育的需求,推动了经济社会的可持续发展,中国成为名副其实的高等教育大国。

2010年以来,高等教育站在了由大向强的新起点上。国务院发布的《国家中长期教育改革和发展规划纲要(2010—2020年)》绘制了教育发展的宏伟蓝图。高等教育的发展不断地满足全面建成小康社会、建设创新型国家和人力资源强国的需要,我国加快了从高等教育大国向高等教育强国迈进的步伐。

一、高等教育改革与发展的主要成就

(一)高等教育大众化水平持续提升

我国高等教育招生规模和在校生规模在1999—2005年呈现持续快速增长态势,自2006年起招生规模呈减速增长趋势,特别是自2010年起更是呈现低速增长态势。综合而言,我国高等教育无论招生规模还是在校生规模都保持基本稳定的状态。

自1999年始,我国高等教育连年大幅扩招,拉开了普通高等学校扩招的序幕,在1999—2005年间每年扩招增长率在20%以上。2007年,《国家教育事业发展"十一五"规划纲要》出台,我国高等教育开始有计划地降低扩招速度,使每年招生增长率不超过10%。2010年出台的《国家中长期教育改革和发展规划纲要(2010—2020年)》提出2010—2020年每年招生增速保持在2%~3%左右。从2011年起,中国高等学校无论招生人数,还是在校生人数将保持基本稳定。中国高等教育大众化已进入规模相对稳定的发展新时期。

1978年、2012年、2015—2017年高等教育的在学总规模和毛入学率如图3-1所示。在改革开放的40年中,中国高等教育的在学总规模及毛入学率实现了飞速增长。2017年全国高等教育在学总规模达到3 779万人,毛入学率达到45.7%。2018年我国高等教育的毛入学率已经达到了48.1%,比2017年提高了2.4个百分点[①],这意味着中国即将由高等教育大众化阶段迈入普及化阶段,开启了高等教育规模化发展的新进程。

2018年全国共有普通高等学校2 663所(见图3-2),比2017年增加了

---

① 教育部举行2018年教育事业发展有关情况发布会. http://www.scio.gov.cn/xwfbh/gbwxwfbh/xwfbh/jyb/Document/1647775/1647775.htm.

32 所，其中本科院校 1 245 所，高职（专科）院校 1 418 所，另有研究生培养单位 815 个。高等教育在学总规模达到 3 833 万人，超过中高收入国家平均水平。

	1978年	2012年	2015年	2016年	2017年
在学总规模（万人）	228	3 325	3 647	3 699	3 779
毛入学率（%）	2.7	30.0	40.0	42.7	45.7

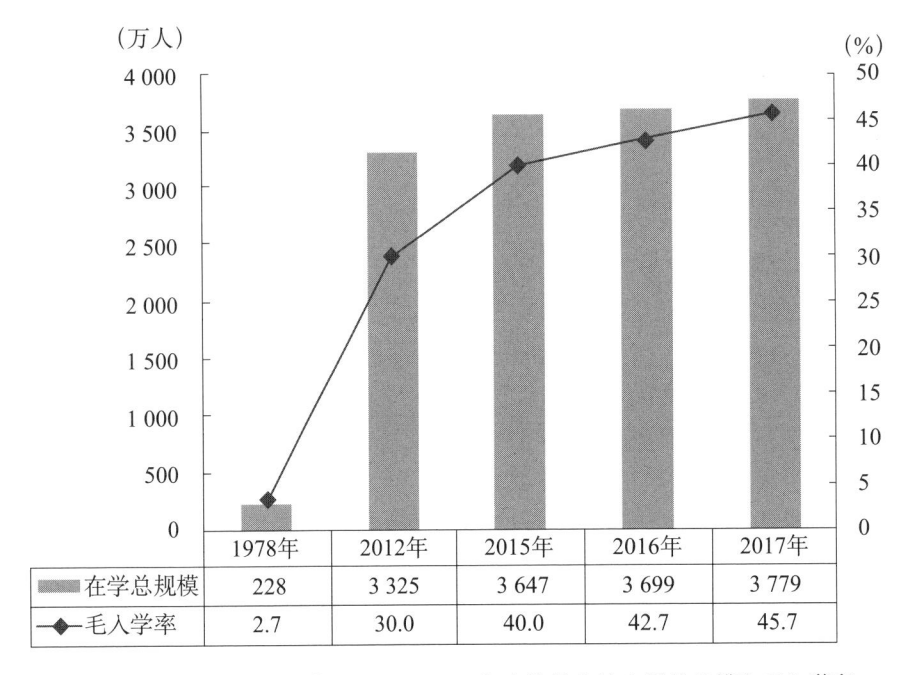

图 3-1 1978 年、2012 年、2015—2017 年高等教育的在学总规模和毛入学率

资料来源：中华人民共和国教育部网站。

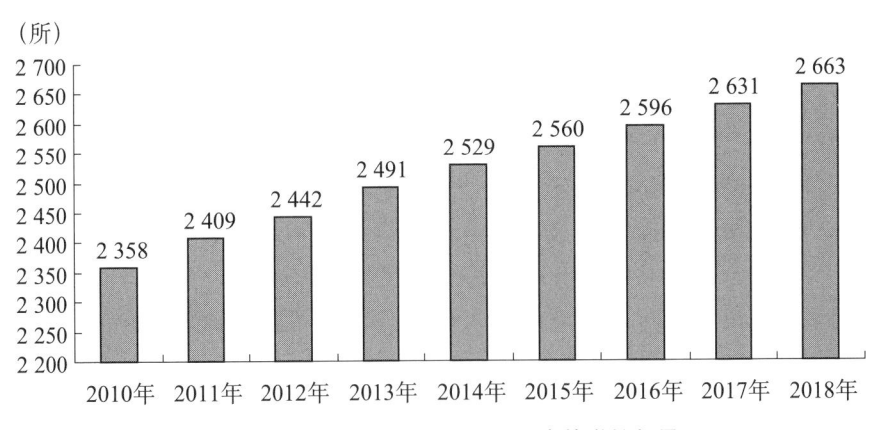

年份	2010	2011	2012	2013	2014	2015	2016	2017	2018
数量（所）	2 358	2 409	2 442	2 491	2 529	2 560	2 596	2 631	2 663

图 3-2 2010—2018 年全国普通高等学校数量

资料来源：中华人民共和国教育部网站。

高等教育体系进一步健全，结构进一步优化。2018 年普通高等教育本专科共招生 790.99 万人，普通本专科在校生共有 2 831.03 万人，其中普通本科在校生 1 697.33 万人，普通专科在校生 1 133.70 万人。在学研究生 273.13 万人；成人高等教育本专科共招生 273.31 万人，在校生 590.99 万人，比 2017 年增长了 8.61%。

研究生教育快速发展。2017 年全国共有研究生培养机构 815 个，其中，普通高校 578 个，科研机构 237 个。2018 年全国研究生招生 85.80 万人，其中，博士生招生 9.55 万人，硕士生招生 76.25 万人。在学研究生 273.13 万人，其中，在学博士生 38.95 万人，在学硕士生 234.17 万人（见图 3-3）。与此同时，我国也加快发展专业学位研究生教育。硕士层次专业学位类型由 2009 年的 19 个增加到 2014 年的 40 个，基本覆盖国民经济和社会发展的主要领域，专业学位招生占研究生招生总数的比例由 2009 年的 14.1% 提高到 2014 年的 43.5%，改变了长期以来以学术学位研究生为主的局面。博士层次专业学位已有临床医学、口腔医学、教育、兽医、工程、中医六个种类，其中工程博士涵盖电子与信息、生物与医药、先进制造、能源与环保四个领域，进一步满足了国家重大工程项目对高层次工程技术领军人才的需求。

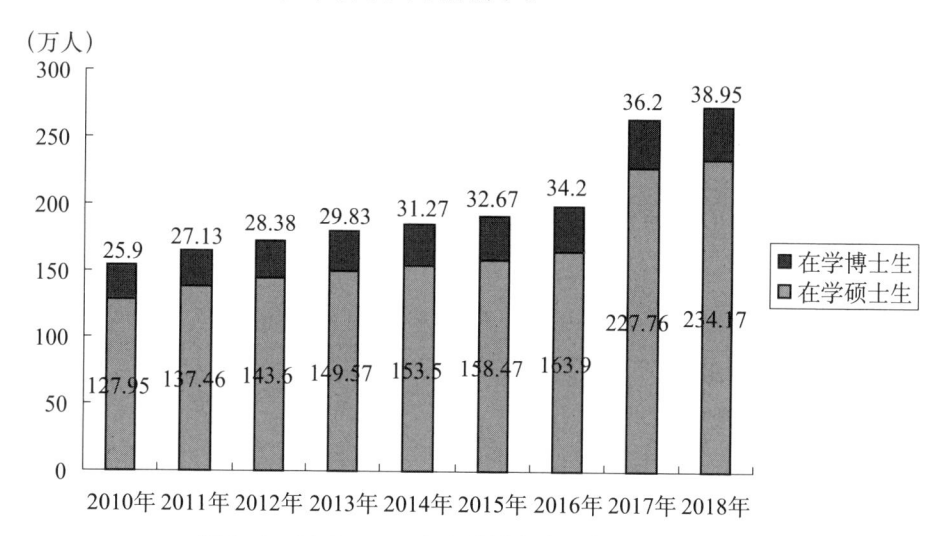

图 3-3 2010—2018 年在学博士生和在学硕士生数量

资料来源：中华人民共和国教育部网站。

高等职业教育大力发展，高职院校数量占全国高校"半壁江山"；高等继续教育深入发展，建立了国家、地方两级开放大学；高等民办教育积极发展，普通本专科在校生占全国在校生数的 23.3%。2017 年我国民办普通高校 747 所

（含独立学院265所），招生175.37万人，在校生628.46万人。其中，硕士研究生在学生1 223人。

学校办学规模趋于稳定。2015年普通高等学校校均规模10 197人，其中，本科学校14 444人，高职（专科）学校6 336人。2017年普通高等学校教职工244.30万人，专任教师163.32万人。成人高等学校教职工4.14万人，专任教师2.40万人。民办的其他高等教育机构教职工2.09万人，专任教师0.96万人。

教育公平持续推进，人民群众获得感增强。农村和贫困地区学生上重点高校人数大幅提升，农村户籍大学生招生占比超过60%，千万家庭有了第一代大学生。研究生教育实现了56个民族全覆盖。自2012年起，先后实施"国家农村贫困地区定向招生"、"部属高校农村学生单独招生"和"地方重点高校招收农村学生"等专项计划，畅通农村和贫困地区学生纵向流动渠道。2015年，专项计划共招收7.5万名学生，比2014年增长了10.5%。为平衡区域间受教育机会，扩大"支援中西部地区招生协作计划"规模，安排专门招生指标，由高等教育资源丰富的东部省市高校招收升学率相对偏低的中西部省份学生。2010年到2014年，累计安排招生90万人。据初步统计，2015年，录取率最低省份与全国平均水平的差距从2010年的15.3个百分点缩小至5个百分点以内。2018年继续实施"支援中西部地区招生协作计划"，继续加大对西部高校的经费投入和师资队伍建设的支持力度。

健全了从本专科到研究生教育的家庭经济困难学生资助政策体系。本专科教育方面，形成了奖、贷、助、补、减和勤工助学相结合的资助政策体系。国家奖学金奖励特别优秀本专科生，每年5万名，每生8 000元；国家励志奖学金奖励品学兼优的家庭经济困难本专科生，并向国家急需的农林水地矿油等专业学生倾斜，每生每年5 000元，约占在校生总数的3%；对家庭经济困难学生提供国家助学金，平均每生每年3 000元，覆盖20%的在校生。2014年将本专科生助学贷款限额由6 000元提高到8 000元，2015年将贷款最长期限从14年延长到20年。同时，家庭经济困难的新生可以通过高校"绿色通道"优先办理入学手续。2012年起，在中西部地区启动家庭经济困难新生入学资助项目，为他们提供一次性交通费及入学后短期生活费。研究生教育方面，设立研究生国家奖学金，每年4.5万名，其中硕士生3.5万名、每生每年2万元，博士生1万名、每生每年3万元。完善研究生国家助学金，2014年秋季学期起，硕士研究生助学金标准达到每生每年6 000元，博士研究生达到每生每年10 000元。2018年，全国受助学生规模进一步扩大，高等教育共资助学生4 387.89万人次，资助金额达 1 150.3 亿元（见图 3-4），比 2017 年增加 99.56 亿元，增幅达到 9.48%①。

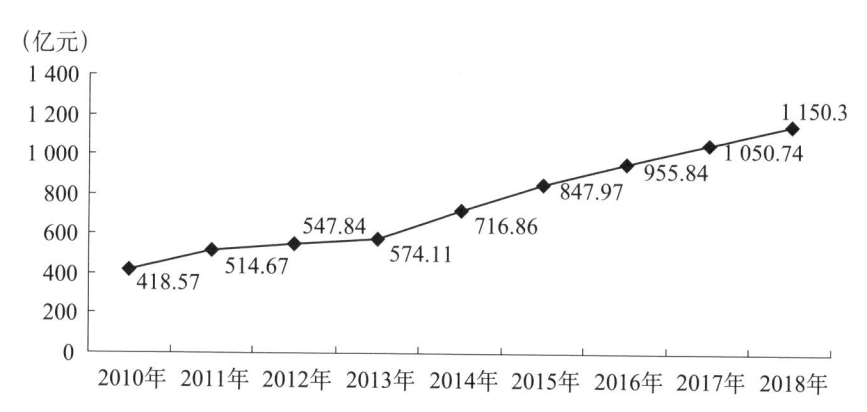

图 3-4 高等教育学生资助力度不断加大

资料来源：中华人民共和国教育部网站。

扩大残疾人接受高等教育机会。在国家高考中为盲人考生印制专门试卷，在硕士研究生招生考试中实行残疾学生单考单招，专门设立残疾人中医专业硕士学位，为更多残疾人提供了进入高一级学校学习深造的机会。

（二）高等教育服务经济社会发展能力显著提高

接受高等教育人口大幅增长。从全国第六次人口普查数据看，2000—2010 年，中国 GDP 年均增长率超过 10%（为 10.46%），高等教育文化程度人数年均增长率也超过了 10%（为 10.12%）。具有大学（大专以上）文化程度人口，从 2000 年的 4 563 万人增加至 2010 年的 11 964 万人，已经高于世界第十一大人口国家墨西哥的总人口（为 11 372 万人），与世界第十大人口国家日本总人口（12 648 万人）接近。具有高中（含中专）文化程度人口，由 2000 年的 14 068 万人增加至 2010 年的 18 799 万人，年均增长率达到 2.94%。二者合计人数从 2000 年的 18 631 万人提高至 2010 年的 30 763 万人，已与世界第三大人口国家美国的总人口（为 31 323 万人）相当接近，并且 2018 年高等教育在学总规模高达 3 833 万人。"十二五"期间（2010—2015 年），我国普通高校累计输送 3 550 万专门人才，新成长劳动力中接受过高等教育的超过 45%，为推动大众创业万众创新培养了大批生力军。中国开始形成世界级人才城市。从"六

---

① 2018 年全国学生资助工作进展情况. http://www.moe.gov.cn/fbh/live/2019/50353/sfcl/201902/t20190228_371562.html.

普"数据可以看到,中国接受高等教育文化程度人口集聚趋势更加明显,北京、上海等地迅速成为世界级人才城市。北京市具备大学文化程度的人口,1990年只有100万人,2010年达到617.8万人;上海市具备大学文化程度的人口从1990年的87万人增加到2010年的505.31万人;天津市从1990年的41万人达到2010年的226.16万人;重庆市这一数字在2000年仅为87万人,但2010年已达到249.3万人,年均增长11.15%,是四个直辖市中最高的。四直辖市合计占全国总数的11.5%。

高校牵头承担80%以上的国家自然科学基金项目和一大批"973""863"国家重大科技计划,产出了一大批标志性成果(见图3-5、图3-6)。在2014年度国家科技三大奖项中高校获奖项目超过70%,2017年的情况见图3-7。2013年,我国作者(第一作者)发表SCI论文20.41万篇,其中约82.2%出自高校。现在,世界上每7篇SCI论文中就有1篇出自我国高校。科研能力和学科建设水平的提高使我国高校的国际学术排名显著前移。115家国家大学科技园在成果转化、企业孵化等方面发挥了重要作用。2014年大学科技园在孵企业共申请专利1.2万余项,一大批研究成果直接服务于国家重大经济和社会需求。2016年专利申请数达到229 458项(见图3-8),专利出售数4 803项,总金额达到约22.7亿元,直接带动了社会经济的发展[①]。

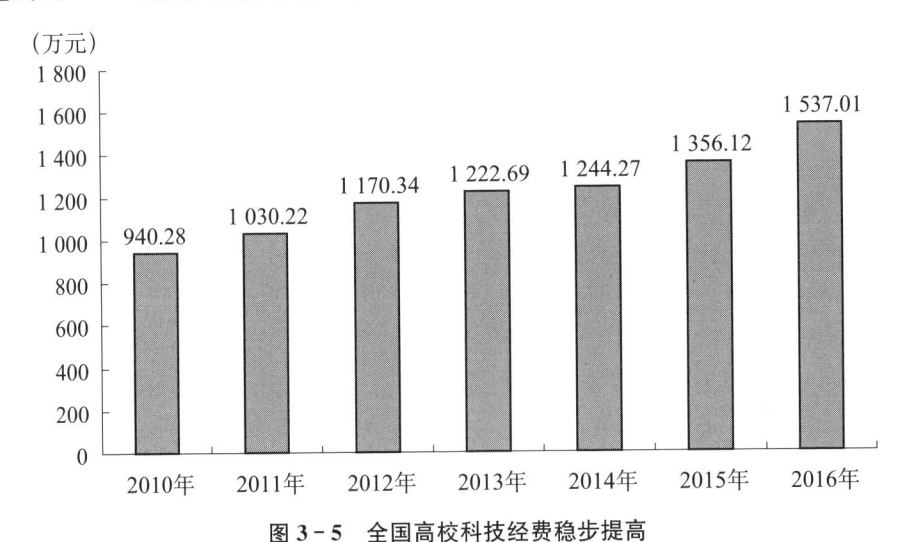

图3-5 全国高校科技经费稳步提高

资料来源:中华人民共和国教育部网站。

---

① http://www.moe.gov.cn/s78/A16/A16_tjdc/201805/t20180522_336767.html。

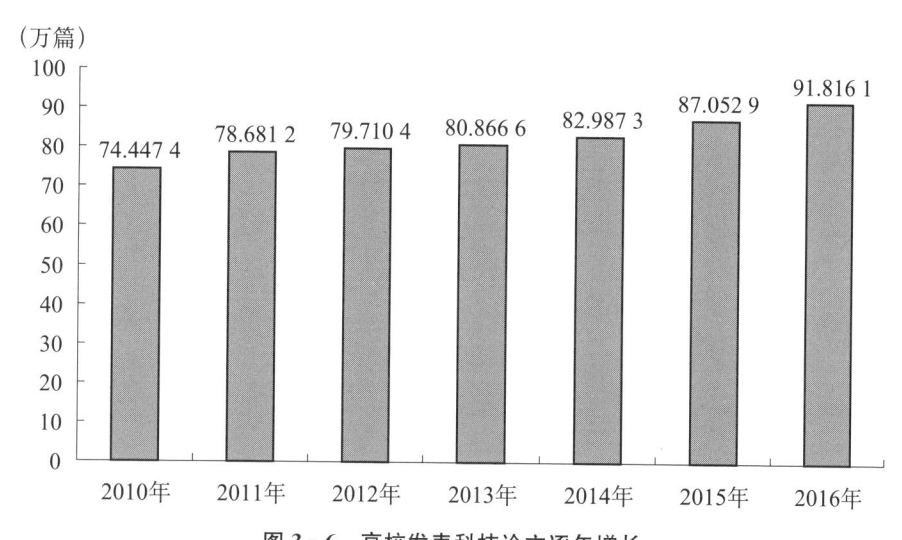

图 3-6 高校发表科技论文逐年增长

资料来源：中华人民共和国教育部网站。

自然科学奖
其他，31.4%
高校，68.6%

技术发明奖
其他，32.7%
高校，67.3%

科学技术进步奖
其他，24.2%
高校，75.8%

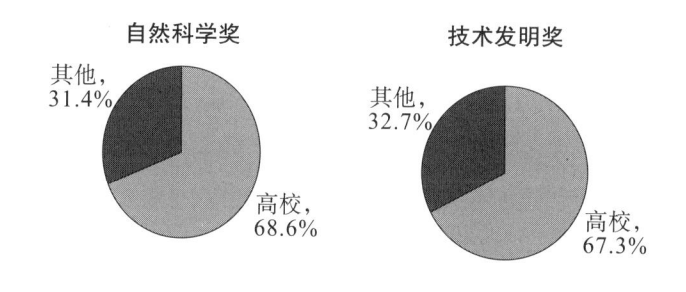

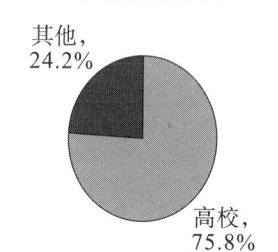

图 3-7 2017 年国家科技三大奖项高校获奖比例情况

资料来源：中华人民共和国教育部网站。

加快建设一流大学和一流学科。近年来，高校学科国际影响力明显提升，近 600 个学科进入基本科学指标数据库（ESI）前百分之一，位列全球第六，50 多个学科进入世界同类学科前千分之一。我国一流大学和一流学科建设成效显

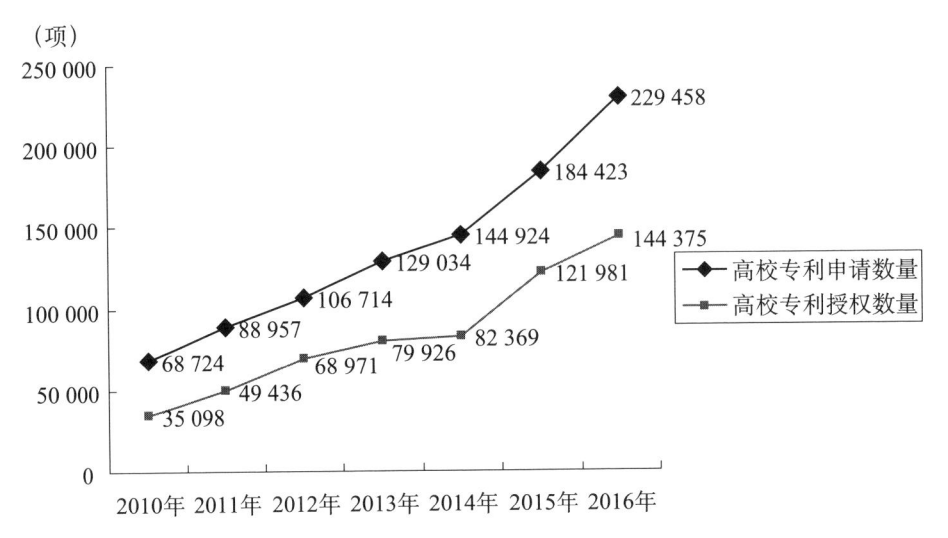

图 3-8 全国高校专利申请和授权数量不断增加

资料来源：中华人民共和国教育部网站。

著，受到国际社会的广泛关注。在推动地方本科高校转型发展方面，为了解决高校特别是新建本科院校"同质化"办学问题，大力推动其向应用型转变。截至 2016 年 10 月，已有 26 个省份启动了这项工作，近 150 所高校开始转型发展，着力培养应用型、技术技能型人才，服务地方经济社会发展。

为增强高等教育服务区域经济社会发展的能力，高职院校重点向中小城市布局，超过 53% 设在地级市及以下地区。为强化与产业结构升级和高新技术发展同步，高职新增专业点 3 504 个。为推进校企全面合作，成立了 62 个行业职业教育教学指导委员会，组建约 1 000 个职教集团，覆盖 70% 以上高职院校。为强化工学结合，现代学徒制试点全面展开，推动职业院校与合作企业共同研制人才培养方案、开发课程教材、实施教育教学、组织考核评价。在这一系列校企合作、产学结合工作的努力下，高职毕业生半年后就业率达 90%，对口率达 76%。通过高等职业教育的发展，更多孩子圆了大学梦，成为家庭第一代大学生，获得了改变个人和家庭命运的机会。

（三）高等教育国际交流日益扩大

在国际经济竞争与合作日益紧密的今天，世界各国越来越将文化和教育交流视为增强其全球影响力和实现政治利益的有效途径，并将接受和培养外国留学生作为其全球发展战略的重要组成部分。改革开放，特别是进入新世纪以来，中国高等教育国际化进程实现了跨越性发展。中国已经成为世界第三、亚洲第一的留学生接收国，中国高等教育竞争力日益增强，学生出国留学人数大幅增长，境外办学能力有了突破，对外文化传播影响力日益增强，部分学科在全球学科排名中不断攀升，中国高等教育国际化已经迈出了实质性步伐。

中国不仅是世界最大的留学生输出国，也是世界上吸引留学生较多的国家之一。进入新世纪以来，来华留学的人数激增。据统计，2014年共有来自203个国家和地区的377 054名各类外国留学人员在31个省、自治区、直辖市的775所高等学校、科研院所和其他教学机构中学习（以上数据均不含港、澳、台地区），来华留学与攻读学位人数同步增长。留学中国计划的实施，使我国正成为新兴留学目的地国，来华留学中的学历生比例稳步提高，2014年达到43.6%。2016年来华留学生规模突破44万人次，我国已经成为亚洲最大的留学目的国。2017年这一数字仍在增长，来自204个国家和地区的48.92万留学人员就读于我国935所高等院校（见图3-9）。

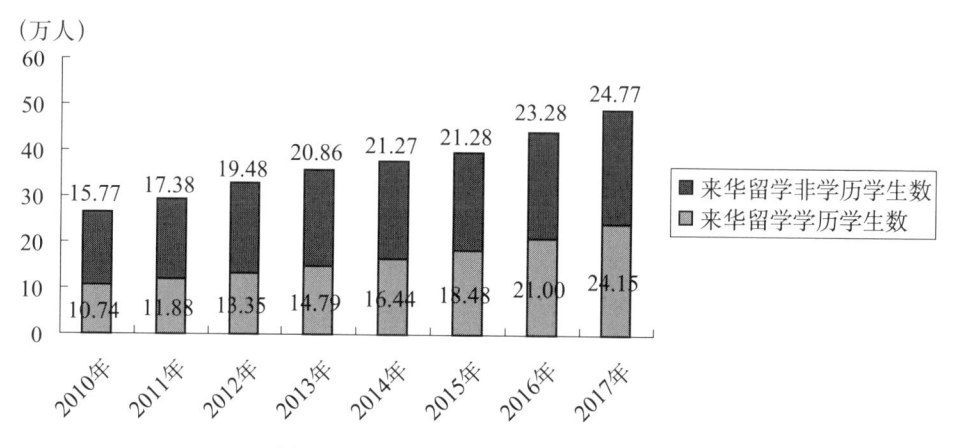

图3-9　国外来华留学生规模不断扩大

资料来源：中华人民共和国教育部网站。

2014年的数据显示，按照五大洲统计：亚洲225 490人，占59.80%；欧洲67 475人，占17.90%；非洲41 677人，占11.05%；美洲36 140人，占9.58%；大洋洲6 272人，占1.33%。

按国别排序前15名：韩国62 923人，美国24 203人，泰国21 296人，俄罗斯17 202人，日本15 057人，印度尼西亚13 689人，印度13 578人，巴基斯坦13 360人，哈萨克斯坦11 764人，法国10 729人，越南10 658人，德国8 193人，蒙古国7 920人，马来西亚6 645人，英国5 920人。

按省市排序前10名：北京74 342人，上海55 911人，天津25 720人，江苏 23 209 人，浙江 22 190 人，广东 21 298 人，辽宁 21 010 人，山东 17 896 人，湖北 15 839 人，黑龙江 12 056 人。人数超过 10 000 人的省（区）还有福建，10 758 人。

按学生类别统计：接受学历教育的外国留学生总计 164 394 人，占来华生总数的 43.60%，比 2013 年增加 16 504 人，同比增加 11.16%；硕士和博士研究生共计 47 990 人，比 2013 年增加 18.20%，其中，硕士研究生 35 876 人，博士研究生 12 114 人。2014 年，非学历留学生 212 660 人。

按经费办法统计：中国政府奖学金生 36 943 人，占来华生总数的 9.80%；自费生 340 111 人，占来华生总数的 90.20%。

中外合作办学规模在不断扩大，由 2010 年的 502 所增至 2015 年的 1 112 所，增长率超过 100%（见图 3-10）。"十二五"期间在"引进来"与"走出去"战略的实施下，高质量中外合作办学资源持续增多。海外办学迈出实质性步伐，已有厦门大学马来西亚分校、老挝苏州大学等 4 所机构、98 个项目在境外落地，在 132 个国家设立了 478 所孔子学院和 884 个孔子课堂。截至 2018 年 12 月，170 多个国家开设汉语课程或专业，61 个国家和欧盟已将汉语教学纳入国民教育体系，外国汉语学习者达 1 亿人。2019 年中共中央、国务院印发的《中国教育现代化 2035》中再次强调要开创教育对外开放新格局，实施留学中国计划，建立并完善来华留学教育质量保障机制，全面提升来华留学质量。

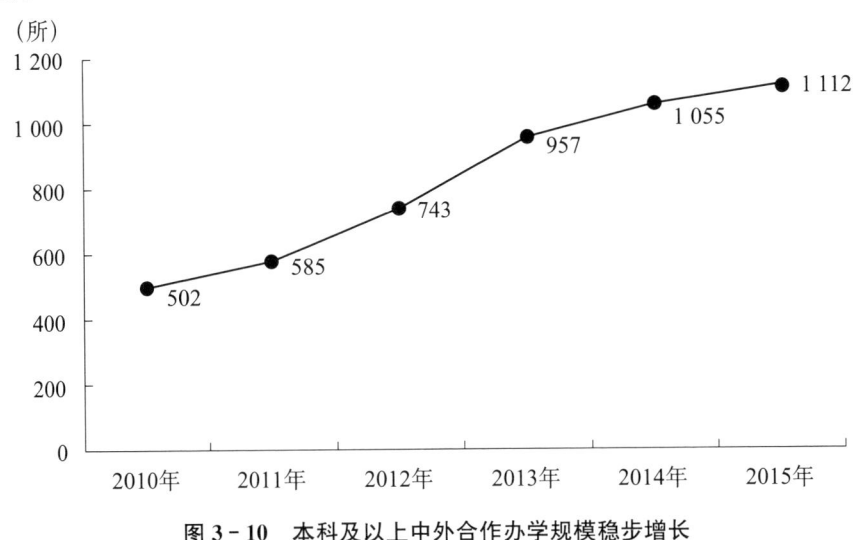

图 3-10 本科及以上中外合作办学规模稳步增长

资料来源：林金辉. 中外合作办学发展报告（2010—2015）. 厦门：厦门大学出版社，2016.

开放式合作办学与国际人才联合培养的推进。近十年来，中国高校与海内外高校合作开展开放办学与人才培养工作日益加强，通过在海外设立联合学位教育项目、扩大学生海外交流等促进中国高等教育国际化。在本科教育阶段部分学科专业通过"2+2""3+1""3+2"等模式联合授予学位；注重国际化培养，选派高年级学生到国外一流大学学习，进入实验室接触科学前沿；拓展本土国际化办学能力，吸引世界知名教授授课或参与海外名校在线课堂，举办国际夏令营，营造国际化学习氛围。在国际联合培养方面，上海纽约大学、宁波诺丁汉大学、西交利物浦大学、中国人民大学中法学院等已经成为国际合作办学的新载体。西交利物浦大学教师全球招聘，招收来自数十个国家的近百名留学生，通过"2+2"和"4+X"合作协议，学生具备长期的国外学习经历。中国人民大学中法学院，采取"五年三学位"的培养计划，学生分不同年限在国内和法国两地学习，合格者可以同时获得中、法两国学士学位，若自愿继续深造可获得法国硕士学位。

出国留学与学成归国人数同步增加（见图3-11）。2014年度我国出国留学人员45.98万人，比2009年增加了100.54%；各类留学回国人员36.48万人，比2009年增加了236.84%。教育部统计数据显示，2015年度我国出国留学人员达52.37万人，其中国家公派2.59万人，单位公派1.60万人，自费留学48.18万人。从结构上看，自2001年后，自费出国人员一直占出国留学人员总数的90%以上。中国连续6年为美国第一大国际学生来源国，进入21世纪以来，中国在美留学生占美国国际学生的比例一直超过10%，自2003—2004学年起，更是持续攀升，从10.79%增长到31.19%。在2009—2010学年，中国在美留学生达到127 628人，首次超过印度。之后，连续6年都为最大的美国

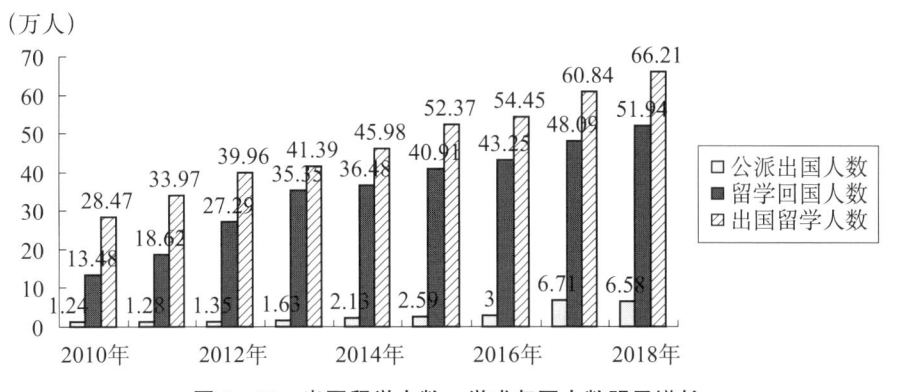

图3-11 出国留学人数、学成归国人数明显增长

资料来源：中华人民共和国教育部网站。

国际学生来源国。2014—2015 学年，中国在美留学生数量保持平稳增长，首次突破 30 万，达 304 040 人，相较 2013—2014 学年增长 10.79%。这一数字到 2016 年 7 月达到 323 186 人，较同期增长 7.2%。根据美国国家科学基金会的数据，美国出生在海外的持有理科或工科博士学位者，约有四分之一来自中国。

（四）全面提高高等教育质量成为时代最强音

美国学者马丁·特罗（Martin Trow）曾指出，在任何国家，高等教育所出现的问题都是与它的扩展相关联的，并且，高等教育大众化既包含量的增长，又包含着质的变化。高等教育从精英教育阶段向大众化教育阶段的转变，不仅是毛入学率的提高，而且还包括高等教育的观念、功能、学校类型与规模、质量标准、入学与选拔方式、教学内容和学科专业设置、教学管理方式等方面的全方位变革。高等教育大众化，不仅有量的标准，而且有质的要求。现在高等教育进入大众化阶段，主要是从量的方面讲；从质的方面讲，这些年来很多高等学校都进行了改革和探索，但是有领导、有步骤、有计划、有目的的系统变革还是很零散，并没有制定出系统地提高高等教育质量的指导方针和原则。如果不着力提高高等教育质量，就有可能形成一个低水平、低标准、低层次的高等教育体系。提高高等教育质量，是在新的历史条件下、新的历史起点上提出的国家指导高等教育发展的大政方针。提高高等教育质量，要从宏观入手，微观发力，从宏观和微观结合上努力。

在全面提高高等教育质量中，人才培养质量成为备受关注的焦点。2012 年的《教育部关于全面提高高等教育质量的若干意见》把人才培养作为提高质量的首要工作。强调要重新认识高校的根本任务是培养人，进一步树立以人才培养为中心的理念，把人才培养质量作为衡量办学水平的最主要标准；进一步树立以适应经济社会发展和国家战略需求为检验标准的理念，把社会评价作为衡量人才培养质量的重要指标；进一步树立以学生为本的理念，把一切为了学生健康成长作为教育工作的首要追求。

提高人才培养质量的系列具体举措也相继出台。例如，设置国家级工程实践教育中心，促进创新人才培养。2012 年，教育部等 23 个部门批准中国建筑工程总公司等 626 家企事业单位为首批国家级工程实践教育中心建设单位。企业建设工程实践教育中心是卓越计划的重大改革举措，此前已有 194 所高校和 980 家企事业单位联合申报了国家级工程实践教育中心。同时，教育部决定 2013 年在中央部门所属高等院校立项建设 80 个"本科教学工程"大学生校外实践教育基地。

同时，为了促进高等教育的区域均衡发展，提高中西部地区高等教育的办学水平，国家积极推进"中西部高等教育振兴计划"，力促中西部高校的崛起。《教育部2012年工作要点》提出，要启动实施"中西部高等教育振兴计划"，促进高等教育特色发展。从2012年开始到"十二五"末，国家积极推进"中西部高等教育振兴计划"（见表3-1），该计划通过中央和地方财政及政策的支持，改善中西部高校办学条件，提高办学水平，有效增加区域内优质高等教育资源。2012年，该项计划推出了两项重要建设工程。一是"中西部高等学校基础能力建设工程"，这是中央政府振兴中西部高等教育、使中西部一批本科高校的实力得到较大提升的重要工程。计划重点支持中西部23个省（自治区、直辖市）以及新疆生产建设兵团所属100所地方高校的发展建设。二是实施"中西部高等学校综合实力提升工程"，在13个没有教育部直属高校的中西部省份和新疆生产建设兵团，各支持一所有特色、高水平的地方高校。实施"对口支援西部地区高等学校计划"，创新对口支援模式，采用"名校牵头、多校参与、团队支援"的方式，集中支援高校的优势学科协同支持受援高校，全方位提高学科建设、人才培养水平和学校综合实力。截至2015年5月，已有100所高校帮扶了75所高校，全面覆盖西部各省区市和新疆生产建设兵团。2019年，中共中央办公厅、国务院办公厅印发了《加快推进教育现代化实施方案（2018—2022年）》，方案中明确提出要提升中西部高等教育发展水平，继续实施"中西部高等学校基础能力建设工程"、东部高等学校"对口支援西部地区高等学校计划"，"部省合建"支持中西部地区14所高等学校发展。

表3-1 "中西部高等教育振兴计划"实施情况

项目名称	主要内容	参与学校
中西部高等学校基础能力建设工程	投入100亿元，支持中西部24个省（区、市）和新疆生产建设兵团所属100所高校加强基础能力建设	100所
中西部高等学校综合实力提升工程	投入56亿元，在没有教育部直属高校的13个省（区）和新疆生产建设兵团各支持重点建设一所高校	14所
对口支援西部地区高等学校计划	采取对口支援方式，以人才培养工作为中心，以学科专业建设、师资队伍建设、学校管理制度与运行机制建设为重点，实施对西部高校的支援	支援高校100所，受援高校75所

资料来源：中华人民共和国教育部网站。

（五）高等教育经费投入稳步增长

高等教育经费投入，特别是生均一般公共预算教育事业费和生均一般公共预算公用经费自1999年到2005年呈连续下降态势，自2006年起呈逐年递增态势，2009年恢复到了1999年的水平，2011年增幅尤为明显，随后每年基本保持稳步提升的状态（见表3-2）。高等教育投入尤其是财政性教育经费投入的增加对于提高质量是最重要的物质保障。

表3-2 1999—2017年普通高校生均一般公共预算教育事业费、生均一般公共预算公用经费

年份	生均一般公共预算教育事业费/元	生均一般公共预算公用经费/元
1999	8 914.00	2 962.37
2000	8 625.00	2 921.23
2001	7 793.00	2 613.56
2002	7 021.06	2 453.47
2003	6 522.48	2 352.36
2004	6 220.60	2 298.41
2005	5 594.71	2 237.57
2006	6 395.38	2 513.33
2007	6 963.29	2 596.77
2008	8 241.58	3 235.89
2009	9 035.33	3 802.49
2010	10 144.33	4 362.73
2011	14 442.20	7 459.51
2012	16 367.21	9 040.02
2013	15 591.72	7 899.07
2014	16 102.72	7 637.97
2015	18 143.57	8 280.08
2016	18 747.65	8 067.26
2017	20 298.63	8 506.02

资料来源：2000—2018年《中国教育经费统计年鉴》。

高等教育生均一般公共预算教育经费、生均一般公共预算教育事业费和生均一般公共预算公用经费是反映高等教育投入的最重要指标，这直接制约着普通高校办学条件能否改善、办学质量能否有效提高。自1999年扩招始，我国高等教育投入虽然连年持续增加，但是增长速度赶不上扩招速度，导致自1999—2005年无论是高校生均一般公共预算教育经费，还是生均一般公共预算教育事业费和生均一般公共预算公用经费都呈逐年下降趋势。自2006年始，才呈现缓慢回升态势，到2009年终于达到了1999年的水平。由于《国家中长期教育改革和发展规划纲要（2010—2020年）》提出了到2012年实现国家财政性教育经费占国内生产总值4%的目标，2011年高等教育生均一般公共预算教育事业费和生均一般公共预算公用经费增幅显著。2016年普通高等学校生均一般公共预算教育经费总支出比上年增长3.35%，2017年比上年增长9.75%。

2005年我国财政性高等教育经费投入为1 129亿元（其中普通高校为1 091亿元），为历史最低点，当年的GDP为183 218亿元，财政性高等教育经费占GDP比例为0.62%，其中，普通高等教育财政性经费占GDP比例不足0.60%。联合国教科文组织在《教育数据和指标》中分析了85个国家的2005年高等教育财政性教育经费投入数据，结果显示，21个发达国家的平均值为0.99%，而64个发展中国家的平均值为0.74%，85个国家的平均值为0.82%。我国的这一比例不仅低于发达国家的平均值，也低于发展中国家的平均值。据计算，与2005年中国经济发展水平相应的财政性高等教育经费占GDP的比例均值应该为0.78%，与中国经济发展水平相应的财政性经费占高等教育总经费的比例均值为61.6%，而当年我国的实际值为45.0%，与预期相比低了16.6个百分点。到2018年我国高等学校教育经费收入达到12 022亿元（见图3-12）。

自2006年起，财政性高等教育经费占GDP的比重不断提高，2006年是0.60%，2007年是0.62%，2008年是0.66%，2009年是0.68%，2010年是0.74%，2011年是0.87%。从2006年起，财政性普通高等教育经费占GDP的比重也在不断提高，2006年是0.58%，2007年是0.60%，2008年是0.64%，2009年是0.66%，2010年是0.72%，2011年是0.87%。

自2010年以来，财政性高等教育经费投入增幅显著。财政性高等教育经费占GDP的比重在2011年达到了0.87%。高等教育生均一般公共预算教育经费、生均一般公共预算教育事业费和生均一般公共预算公用经费明显提高。2012年，伴随4%目标的实现，财政性高等教育经费投入有较大提升，为全面提高高等教育质量提供了经费保障。2018年《国务院办公厅关于进一步调整优化结

(亿元)

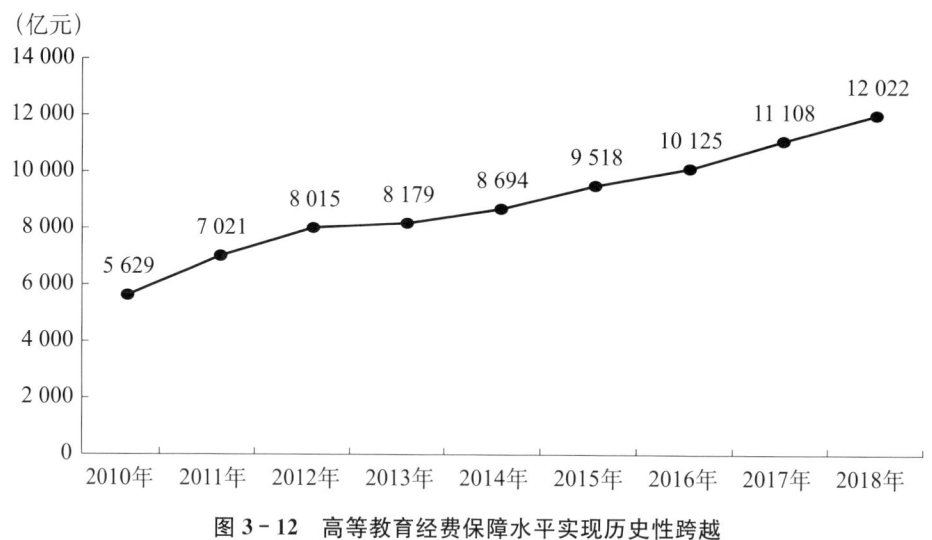

2010年	5 629
2011年	7 021
2012年	8 015
2013年	8 179
2014年	8 694
2015年	9 518
2016年	10 125
2017年	11 108
2018年	12 022

图 3-12 高等教育经费保障水平实现历史性跨越

资料来源：2011—2019 年《中国教育经费统计年鉴》。

构提高教育经费使用效益的意见》印发，对高等学校经费做了如下三点要求：一是完善教育经费投入机制，二是优化教育经费支出结构，三是科学管理使用教育经费。在高等教育经费逐年提升的背景下，高校教育经费的科学管理力度也同步加大。

二、高等教育改革与发展的基本经验

（一）立足中国国情，走中国特色高等教育之路是我国高等教育发展的必然选择

世界各国都在积极探索建立一个既满足本国经济、社会发展需要，又适应经济全球化要求的高等教育发展新模式。新中国高等教育的发展既有光辉成就，也有曲折探索，从历史经验看，我国高等教育发展必须立足中国国情，走中国特色高等教育发展之路，即遵循社会主义教育制度的本质要求，适应以全面建成小康社会为标志的现代化建设的多方面需求，适应国家现代化建设对人才和智力支持的新要求，适应人民群众对于高等教育多层次、多类型、高质量的新期盼，并始终坚持对中华民族传统精神和学术文化的继承性和创新性。

（二）遵循高等教育规律，坚持科学发展是我国高等教育发展的必由之路

高等教育发展必须遵循其自身的规律。长期以来，我们在高等教育发展的指导思想上存在着急于求成的情况，经济发展加快大都伴随着高等教育的急剧扩张，在每次规模扩张之后又总会经历一个结构调整和强调质量的阶段。因此，要处理好高等教育发展满足经济社会需要与人民群众需要的关系，高等教育发展应该适度超前于经济发展水平，考虑经济社会发展的水平和承受能力，满足经济社会发展的客观需求，尊重教育发展的客观规律，处理好高等教育适应经济社会发展与遵循自身规律的关系。要清楚地认识到高等教育系统的改革是十分复杂的过程，改革政策的成败往往要在若干年后才能表现出来，其效果会影响到一代人甚至几代人。因此，在确立高等教育发展战略与改革的过程中，必须尊重高等教育的规律和特点，改革既要坚决，又要谨慎，以科学发展为第一要义，拒绝盲从。

（三）坚持育人为本，把促进人的全面发展和适应社会需要作为衡量高等教育人才培养水平的根本标准

把促进人的全面发展和适应社会需要作为衡量人才培养水平的根本标准，集中体现了马克思主义人的全面发展学说及其教育思想的要义，是新中国成立特别是改革开放以来党的教育方针的基本内容。确立以人为本的教育理念，人不仅是发展的手段，更是发展的目的，教育最为根本的作用在于促进人的全面发展，既要重视高等教育对于社会主义经济建设的作用，也要重视高等教育对于社会主义政治建设、文化建设、社会建设的作用，更要重视高等教育对于人的发展的意义，把教育的社会价值和个体价值结合起来，重视高等教育与社会整体和个人的协调发展。高校要以学生为本，以学生发展需要为本，让学生对于教育拥有充分的选择权，让每一位学生能够选择到合适的教育，促进每一位学生的发展。高质量的高等教育就是培养德智体美劳全面发展的社会主义建设者和接班人，就是要造就出信念执着、品德优良、知识丰富、本领过硬的高素质人才。

（四）坚持教师为本，把高校教师队伍建设作为高等教育发展的"重中之重"

广大教师和教育工作者是推动高等教育事业科学发展的生力军。要把加强

高校教师队伍建设作为高等教育事业发展最重要的基础工作来抓，充分信任、紧紧依靠广大教师，提升教师素质，提高教师地位，改善教师待遇，关心教师健康。要真正树立人才资源是第一资源的观念，建设一支高水平的高校教师队伍。要营造良好的学术氛围、和谐宽松的学术环境，提供良好的教学科研条件；要关心教师，为教师提供良好的生活条件，使之过上体面的生活；要建立科学的评价机制，真正体现尊重人才、尊重知识、尊重劳动、尊重创造，体现百家争鸣、百花齐放。要加强师德师风建设，确保广大教师忠于职守、忠于学术理想、忠于党和人民的教育事业。

（五）坚持改革，加大体制机制创新，是我国高等教育发展的不竭动力

改革开放以来，我国高等教育适应政治、经济、文化、科技发展的需要，遵循教育规律和特点，不断推进教育思想、教育制度、教育体制、课程与教学内容、教学模式与方法手段的改革，以改革为动力，不断推进高等教育迈向新台阶，促进了高等教育的大发展，提高了高等学校服务社会的能力。没有改革，就没有我国高等教育的大发展。当前，高等教育体制改革仍需不断完善和深化，政府转变职能和高校自主办学与自我管理的能力有待进一步提高，学术地位需要切实得到尊重。要坚持解放思想，不断树立新的观念，开拓新的思路，进一步深化改革，创新体制与机制，使高等教育更加适应社会主义市场经济体制和建设创新型国家的需要；要进一步营造有利于高等教育稳步、健康发展的体制环境，进一步理顺中央与地方的关系、政府与学校的关系、学校与社会的关系，探索建立符合高等教育规律的教育管理体制和现代大学制度，从而为高等教育的更好、更健康发展创造良好的体制环境。

（六）坚持党的领导，全面贯彻党的教育方针，是我国高等教育发展的根本保证

党的领导是中国特色社会主义教育体系的本质特征。必须紧紧围绕党的中心任务和高校的中心工作抓党建。必须紧紧抓住培养人才这一根本任务，坚持育人为本、德育为先的理念，不断加强和改进大学生思想政治教育。改革开放以来，高等学校紧紧围绕培养什么人、怎样培养人这一重大课题，坚持党的教育方针，把立德树人作为根本任务，坚持育人为本、德育为先，以理想信念教育为核心，以爱国主义教育为重点，以思想道德建设为基础，以促进学生全面发展为目标，努力增强思想政治教育的针对性、实效性、吸引力和感染力，在

提高大学生的思想政治素质和健康素质方面发挥了重要作用。

三、高等教育改革与发展的趋势与挑战

中国高等教育大众化的拐点已经到来，在高等教育规模基本稳定、生均教育经费投入大幅增长、重视全面提高高等教育质量和促进高等教育体制机制创新的条件下，在中国全面建成小康社会、基本实现教育现代化的时代背景下，中国高等教育可以成功跨越后发国家高等教育大众化的困境，并寻求中国高等教育大众化的发展模式，实现高等教育与经济社会的良性循环，建立起中国特色现代高等教育。

我国高等教育虽然取得了巨大成就，但还没有完全适应经济社会发展和人民群众接受良好教育的要求，同国际先进水平相比还有明显差距。我国高校的研究成果数量众多，但是与发达国家相比，研究成果的质量和国际影响力还有较大的距离。

质量是高等教育的生命线。展望未来，要把全面提高质量作为高等教育改革发展最核心最紧迫的任务，大力提升人才培养水平，大力增强科学研究能力，大力服务经济社会发展，大力推进文化传承创新，不断为社会主义现代化建设提供强有力的人才保证和智力支撑，为全面建成小康社会，建设社会主义现代化国家，实现中华民族伟大复兴做出应有贡献。当前中国高等教育发展面临的主要挑战如下：

一是高等教育投入仍然需要持续增加。教育经费投入是高等教育发展的基本保证。从世界各国高等教育投入情况看，随着近年来经济增长困难，各国在不同程度上削减了政府的公共财政投入，高等教育面临着财政紧缩压力。而就中国的情况而言，从绝对数上看，过去一段时间高等教育处在大投入大发展阶段，国家公共财政经费连续十年保持平稳增长，国家教育总经费成倍增长，高校绝对经费数量保持继续增长，生均拨款达到历史最高水平。然而，从高校教育经费占全国总经费比例看，总体略有下降，并且不同高校经费投入不平衡，很多新建本科院校的生均拨款尚未达到国家基本要求。我国高等教育自20世纪90年代中后期形成"财、税、费、产、社、基、科、贷、息"的多种融资渠道以后，各类资金为我国各级教育规模发展提供了强有力的支撑。近十几年来，除高校生均拨款标准和高校学费方面的几项政策以外，我国高等教育融投资体制改革基本处于停滞状态。未来我国高等教育社会投入能否保持稳定甚至稳中有升，是高等教育能否长期稳定发展所要面对的现实问题。中国未来高

等教育的发展，应该适度降低学杂费比重，逐步提高财政投入的比重，拓宽其他社会投入的来源渠道。到 2020 年，力争财政投入占高等教育投入的比重达到 45%～50%，学杂费占投入的比重在 25% 左右，其他社会投入的比重达到 25%～30%。这将为中国高等教育实现科学发展提供主要的资金支持和投入机制保障。

二是高等教育的发展不平衡和差距显著。中国东中西部发展不平衡，重点建设高校主要集中于东部地区，再加上中国经济发展不平衡，东部发达地区的高校投入明显高于中西部。地方高校之间的差距仍然较大。以高等学校生均教育经费、生均预算内教育经费和生均预算内公用经费的支出为例，2006 年最高的是北京，数据分别是 34 151.39 元、15 769.54 元、7 724.20 元，最低的是江西，数据分别是 8 824.51 元、2 359.24 元、503.11 元，可见三个指标中北京分别是江西的 3.87 倍、6.68 倍、15.35 倍。到 2011 年投入最高的还是北京，最低的还是江西。北京的数据分别是 63 701.30 元、37 172.43 元、18 771.89 元，江西的数据分别是 13 152.88 元、8 705.08 元、4 017.70 元，北京分别是江西的 4.84 倍、4.27 倍、4.67 倍。到 2016 年高等学校生均教育经费支出北京为 64 849.64 元，江西为 18 983.76 元，差距虽有所缩小，但地区间发展仍不平衡。我国中央部属高校与地方高校之间发展差距较大。高等学校生均教育经费、生均预算内教育经费和生均预算内公用经费的情况分别是：2006 年中央部属高校是 27 053.96 元、11 956.08 元、5 308.94 元，地方高校为 12 544.49 元、5 072.57 元、1 848.28 元，中央部属高校分别是地方高校的 2.16 倍、2.36 倍、2.87 倍；到 2011 年，中央部属高校是 46 518.03 元、25 421.92 元、12 326.58 元，地方高校为 20 008.58 元、12 084.61 元、6 414.44 元，中央部属高校分别是地方高校的 2.32 倍、2.10 倍、1.92 倍[①]。到 2016 年中央部属高等学校生均教育经费支出为 54 835.82 元，地方高等学校为 24 725.29 元。从数据可以看出，中央部属高校与地方高校的支出水平有较大差距，但是近些年差距有缩小的趋势。

三是改变精英教育的发展模式，以高等教育系统的多样化来适应经济社会发展和需求，实施高等学校分类管理，分类评价。目前中国处于工业化中后期阶段，制造业所需要的劳动力主要是中等教育阶段劳动力为主的年轻劳动力，而不是高等教育培养的白领阶层与管理岗位。产业结构与市场创造的劳动岗位

---

① 教育部财务司，国家统计局社会和科技统计司. 中国教育经费统计年鉴 2007. 北京：中国统计出版社，2008；教育部财务司，国家统计局社会和科技统计司. 中国教育经费统计年鉴 2012. 北京：中国统计出版社，2013.

与高等教育增速的矛盾，必然造成工人的"招工难"与大学毕业生的"就业难"的矛盾长期并存。如果高等教育结构得不到优化，高等学校不实行分类发展，这一矛盾必将长期并存。要改变高等教育人才培养与经济增长及产业结构之间的关联性断裂，改变工人"招工难"与大学毕业生"就业难"的劳动力市场结构性问题，一方面有赖于经济发展方式转变、产业结构升级和经济持续增长为吸纳高校毕业生提供更多的就业岗位；另一方面也需要高等教育自身结构调整，实现高等学校的多样化发展。促进高等学校多样化，并不是按照欧美的标准来指导中国高校发展。世界各国各地的高等教育系统被打上了时代烙印，形成了各自特色，也是各自高等教育系统演化的结果。高等学校分类与多样化是高等学校发展的结果，关键是高等学校自身的实践与改革的指导，而不是用西方的标准去衡量中国高校分类，更不能把这套指标体系强加于中国高校。随着经济增长与社会需求的多样化，在高校规模基本稳定并且竞争加剧的现实情况下，高校会逐步寻找自身定位和发展方向，中国高等学校分类的实践模式会逐步形成。要加快高等学校设置分类标准，引导各地方政府、各高校主动适应地方经济发展需要，根据自身优势，提高办学特色和办学水平。从地方政府层面说，应着力于高校类型结构优化，根据地方经济结构和产业结构发展，统筹各级各类教育，推动地方高校转型，把主要办学思路转到服务地方经济社会发展上来，转到产教融合、校企合作上来，转到增强大学生就业创业能力上来。从高校自身层面说，应着力于层次结构和专业结构优化，主动结合地域特色和区域优势，科学合理定位学校的层次类型、办学定位和办学目标，全面优化内部学科专业结构，增强人才培养与社会产业结构之间的契合度，克服同质化现象。

第四章
当代中国职业教育改革与发展

一、职业教育改革与发展的主要成就

二、职业教育改革与发展中的问题与挑战

三、职业教育改革与发展的趋势

第四章　当代中国职业教育改革与发展

职业教育是中国教育事业的重要组成部分，是服务经济社会发展需要，面向经济社会发展和生产服务一线，培养高素质劳动者和技术技能人才并促进全体劳动者可持续职业发展的教育类型。目前，中国正在致力于建立现代职业教育体系，认为其是促进现代职业教育服务转方式、调结构、促改革、保就业、惠民生和工业化、信息化、城镇化、农业现代化同步发展的制度性安排，对打造中国经济升级版，创造更大人才红利，促进就业和改善民生，加强社会建设和文化建设，满足人民群众生产生活多样化的需求，实现中华民族伟大复兴的中国梦都具有重要意义。

一、职业教育改革与发展的主要成就

（一）职业教育在教育体系中的位置更加突出

经过多年的改革与发展，中国形成了初等教育、中等教育与高等教育，普通教育与职业教育，学历教育与非学历教育，课堂教学与远程教育相结合的多层次、多类型、多形式的覆盖整个社会的教育体系，并正在向终身教育方向发展。从教育类型来说，中国教育体系主要由四部分组成，即基础教育、职业技术教育、高等教育和成人教育（见图4-1），职业教育是中国教育体系的重要组成部分。

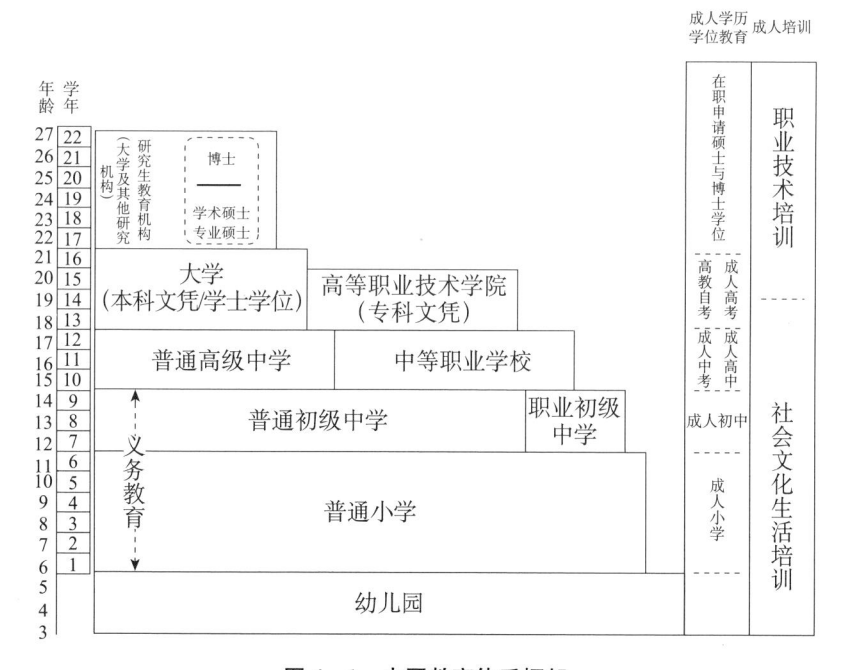

图4-1　中国教育体系框架

说明：中国儿童6岁开始接受九年制义务教育，其中小学六年、初中三年。高中阶段（普通高中和中等职业教育）一般学制三年。高等职业技术教育学制两至三年，本科大学教育学制四年。

多年来，中国政府强调职业教育的突出位置，尤其是 1996 年《中华人民共和国职业教育法》颁布实施后，职业教育体系不断完善，办学规模持续扩大，综合实力和社会服务能力明显增强。

（二）职业教育体系的内部结构更加清晰

中国职业教育体系包括职业学校教育与职业培训。职业学校教育实施以初中后为重点的小学后、初中后、高中后三级教育分流政策，职业学校教育分初等、中等、高等三个层次（见图 4-2）。初等职业学校教育是小学后初中阶段的职业技术教育，实施这种教育的学校主要是初级职业中学，招收小学毕业生和相当于小学文化程度的青少年，学制三至四年，培养具有某种初步职业基础知识和一定职业技能的工人、农民和其他从业人员，这类学校大部分存在于中国经济欠发达的农村地区，它是为适应农村经济对劳动力需求而设立的，属于九年制义务教育的一部分。但这个阶段职业教育的办学规模在大幅度缩小，不久将会完全取消。

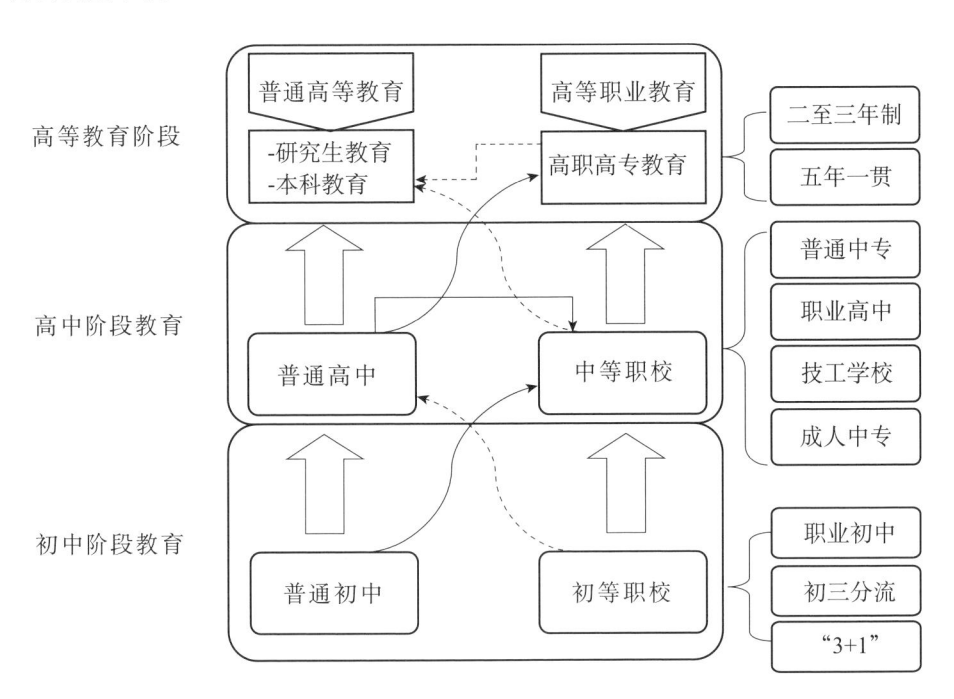

图 4-2　中国教育体系中的职业学校教育及其内部结构

中等职业学校教育主要是指高中阶段的职业学校学历教育，它主要由中等专业学校、技工学校、职业高中和成人中专组成，在培养各级各类初级、中级应用型人才方面发挥着主导作用。这四类职业学校在较长一段时间内都有各自定位，办学形式和人才培养目标也不太一样，后来由于形势变化，其招生对象主要以应届初中毕业生为主，学制二年或三年。进入 21 世纪以来，传统的四类中等职业学校的培养目标逐步趋同，办学形式也日益接近，国家正在通过改革、布局结构调整和资源整合等方式，逐步打破部门界限，推动它们走向融合。

高等职业学校教育目前仅限于专科层次，学校不向毕业生授予学位。这类教育主要培养经济建设所需的中级、高级专业技术和管理人才，尤其强调培养应用型和工艺型人才。高等职业学校教育主要招收普通高中毕业生及中等职业学校毕业生，学制主要为三年。目前实施高等职业教育的学校共有五类。第一类是高等职业技术学院和高等技术专科学校；第二类是具有职业性、地方性、实用性的短期职业大学；第三类是普通中等专业学校举办五年制的高等职业教育班；第四类是在部分普通高等学校和成人高等学校中举办高等职业教育；第五类是对普通专科学校进行改革，强调为生产第一线培养实用型人才，即培养高等职业技术人才。

当前，职业学校教育以中等职业学校和高等职业学校为主。《国家中长期教育改革和发展规划纲要（2010—2020 年）》明确提出："统筹中等职业教育与高等职业教育发展"，"形成适应经济发展方式转变和产业结构调整要求、体现终身教育理念、中等和高等职业教育协调发展的现代职业教育体系"。此后，中国进入了加快建立现代职业教育体系的历史时期。

（三）职业教育多元化办学格局初步形成

中国职业教育形成了在政府主导下，行业、企业及社会各方面广泛参与的多元办学格局（见图 4-3）。《中华人民共和国职业教育法》规定：县级以上地方各级人民政府应当举办发挥骨干和示范作用的职业学校、职业培训机构，对农村、企业、事业组织、社会团体、其他社会组织及公民个人依法举办的职业学校和职业培训机构给予指导和扶持。企业应当根据本单位的实际，有计划地对本单位的职员和准备录用的人员实施职业教育。国家鼓励事业单位、社会团体、其他社会组织及公民个人按照国家有关规定举办职业学校和职业培训机构。2005 年发布的《国务院关于大力发展职业教育的决定》提出："十一五"期间

(2006—2010年），继续完善"政府主导、依靠企业、充分发挥行业作用、社会力量积极参与，公办与民办共同发展"的多元办学格局。随着经济所有制成分的多样化，初步形成了多元化办学格局。2010年制订的《国家中长期教育改革和发展规划纲要（2010—2020年）》提出"建立健全政府主导、行业指导、企业参与的办学机制，制定促进校企合作办学法规，推进校企合作制度化"，进一步明确了今后一个时期职业教育的发展方向。

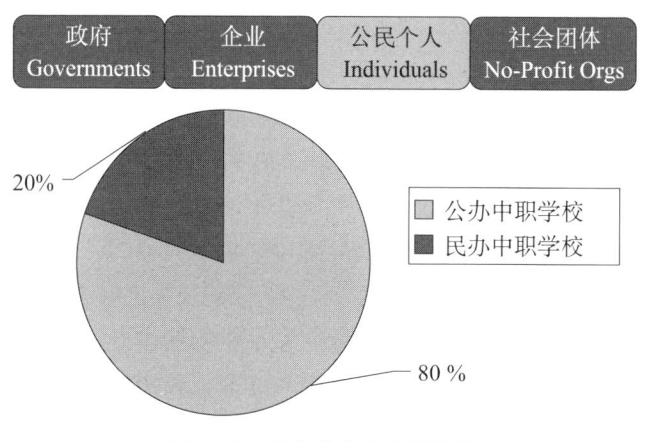

图 4-3 职业教育的办学格局

（四）职业教育管理体制更加健全

新中国成立以来，职业教育管理走过了一条从以行业主管部门为中心到以教育部门为中心的道路。1953年政务院制定了"中央各部和主管部门对中等专业学校实行集中统一的领导与管理，劳动部门对技工学校实行综合管理"的方针。中等职业教育的管理权集中在中央政府，分散在各主管部门，教育部门的作用受到很大限制。《中华人民共和国职业教育法》规定，"国务院教育行政部门负责职业教育工作的统筹规划、综合协调、宏观管理"，从而确定了教育部门在职业教育管理中的中心地位。2005年，《国务院关于大力发展职业教育的决定》提出继续完善"在国务院领导下，分级管理、地方为主、政府统筹、社会参与"的管理体制，建立了职业教育工作部门联席会议制度（见图4-4）。国务院教育行政部门负责职业教育工作的统筹规划、综合协调、宏观管理，并要求县级以上地方各级人民政府加强对本行政区域内职业教育工作的领导、统筹协调和督导评估。

目前，职业教育管理体制的基本格局是：中等专业学校主要由行业或区、县举办，职业高中基本上由区、县举办，这两类学校统一归口教育部门管理。技工学校则主要由行业和企业办学，劳动部门（当前的人力资源和社会保障部门）实施综合管理。

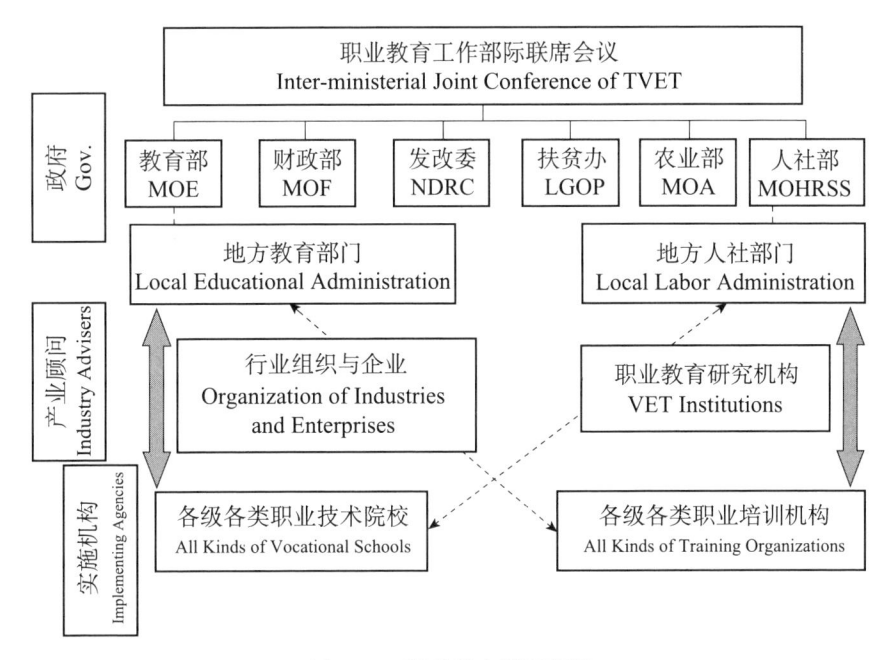

图 4-4　职业教育管理框架

（五）职业教育发展规模逐渐扩大

中国正举办着世界上最大规模的职业教育，中等职业学校、高等职业学校的招生数、在校生数分别差不多占到了高中阶段教育和普通高等教育的"半壁江山"，为中国经济社会发展、教育结构的调整做出了巨大贡献。

1. 中等职业学校教育

2019 年，全国中等职业教育学校共有 1.01 万所，全国中等职业教育招生 600.37 万人，占高中阶段教育招生总数的 41.70%（见表 4-1）。同期，中等职业学校在校生 1 576.47 万人，占高中阶段教育在校生总数的 39.46%[①]。综合 2013—2019 年的数据（见表 4-2），中等职业学校在校生数量总体上在减少，在校生职普比有所下降。

---

① 2019 年全国教育事业发展统计公报. 中华人民共和国教育部网站，2020-05-20.

表 4-1　2013—2019 年高中阶段各类学校招生情况

年份	总计/万人	普通高中/万人	中等职业学校/万人	中等职业学校招生所占比例/%
2013	1 497.46	822.70	674.76	45.06
2014	1 416.36	796.60	619.76	43.76
2015	1 397.86	796.61	601.25	43.01
2016	1 396.26	802.92	593.34	42.49
2017	1 382.49	796.61	582.43	42.13
2018	1 349.76	792.71	557.05	41.27
2019	1 439.86	839.49	600.37	41.70

资料来源：2013—2019 年《中国教育统计年鉴》；2014—2017 年《全国教育事业发展统计公报》。

表 4-2　2013—2019 年高中阶段各类学校在校生情况

年份	总计/万人	普通高中/万人	中等职业学校/万人	中等职业学校在校生所占比例/%
2013	4 369.92	2 435.88	1 922.97	44.00
2014	4 170.65	2 400.47	1 755.28	42.09
2015	4 037.69	2 374.40	1 656.70	41.03
2016	3 970.06	2 366.65	1 599.01	40.28
2017	3 970.00	2 374.40	1 592.50	40.10
2018	3 934.67	2 375.37	1 555.30	39.48
2019	3 994.90	2 414.31	1 576.47	39.46

资料来源：2013—2019 年《中国教育统计年鉴》；2014—2017 年《全国教育事业发展统计公报》。

2. 高等职业学校教育

2019 年，全国普通高等学校 2 688 所，其中高职（专科）院校 1 423 所，高等职业（专科）学校招生 483.61 万人，占普通高等教育本科、专科（高职）招生数的 52.86%。综合 2013—2019 年的数据（见表 4-3），高等职业教育（专科）招生数逐年增加，在普通高等教育总体招生数中所占的比重基本稳定在 46% 左右。

表 4-3　2013—2019 年普通高等教育本科、专科（高职）招生情况

年份	总计/万人	普通高等教育（本科）/万人	高等职业教育（专科）/万人	高职所占比例/%
2013	696.53	381.43	315.10	45.24

续前表

年份	总计/万人	普通高等教育（本科）/万人	高等职业教育（专科）/万人	高职所占比例/%
2014	721.40	383.42	337.98	46.85
2015	737.85	389.42	348.43	47.22
2016	748.61	405.40	343.21	45.85
2017	761.49	410.75	350.74	46.05
2018	790.99	422.16	368.83	46.63
2019	914.90	431.29	483.61	52.86

资料来源：2013—2019年《中国教育统计年鉴》；2014—2017年《全国教育事业发展统计公报》。

3. 职业培训机构

近几年，职业培训发展势头良好，仅2014年，全国职业技术培训机构近10.51万所，教学班（点）489 731个；教职工47.74万人，专任教师27.65万人；注册学生数4 237.72万人，结业学生数4 479.53万人。另外还有其他民办培训机构2万所，967.94万人次接受了培训。2015—2016年职业技术培训情况见表4-4。

表4-4　2015—2016年职业技术培训情况表

	年份	2015	2016
学校/所	总计	98 742	93 358
	职工技术培训学校（机构）	2 124	2 124
	农村成人文化技术培训学校	76 244	70 982
	其他培训机构	20 374	20 252
注册学生/万人	总计	4 218.39	3 197.2
	职工技术培训学校（机构）	291.96	292.35
	农村成人文化技术培训学校	2 870.14	2 800.63
	其他培训机构	1 056.29	104.22
结业生/万人	总计	4 379.48	4 234.97
	职工技术培训学校（机构）	295.32	297.68
	农村成人文化技术培训学校	3 112.51	2 978.75
	其他培训机构	971.65	958.54

资料来源：2015—2016年《中国教育统计年鉴》。

4. 职业教育师资

2015年，中等职业教育学校教师数量减少，高等职业教育学校教师数量较为稳定。2017年，全国中等职业教育学校共有教职工107.97万人，比上年减少0.64万人，其中专任教师83.92万人，比上年减少393人，生师比19.59：1[①]，比2016年的19.84：1有所改善[②]，但与2017年普通高中生师比13.39：1相比仍有较大差距。2015年中等职业学校"双师型"教师比例为28.51%，但对照教育部2010年修订的《中等职业学校设置标准》中提出的"双师型"教师比例不低于30%的标准，仍存在一定差距。2018年，"双师型"教师比例占30.65%，比上年提高0.66个百分点（见图4-5）。

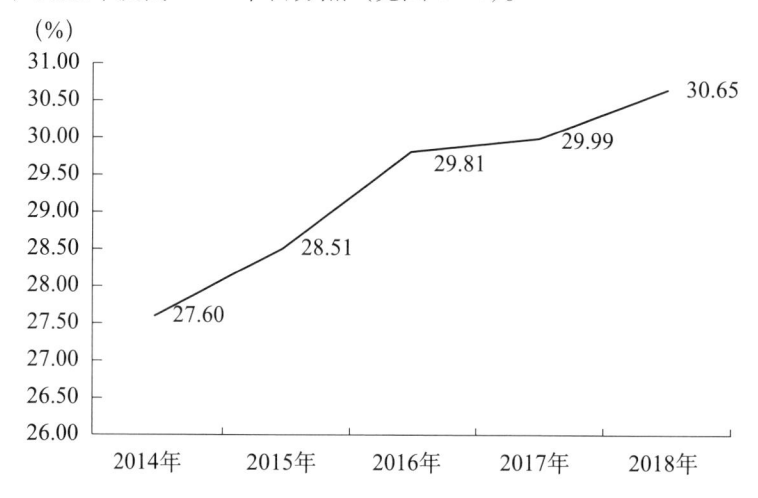

图4-5　2014—2018年中等职业学校"双师型"教师占比情况

资料来源：2014—2018年《中国教育统计年鉴》；《2018年全国教育事业发展统计公报》。

中等职业教育教师队伍整体学历水平持续提升。以2017年数据为例，专科及以下学历教师继续减少，比例只有8.41%，本科学历教师比例为83.94%，硕士研究生及以上学历教师比例为7.60%（见图4-6）。2018年，中等职业学校专任教师本科及以上学历比例为92.10%，比上年提高0.52个百分点。

2013年以来，高职教师队伍规模总体呈扩大趋势，其中专任教师稳步增长（见图4-7、图4-8）。2019年全国高职（专科）院校教职工69.94万人，比上年增长约为1.41万人；专任教师51.44万人，较上年增长约1.67万人，专任

[①] 2017年全国教育事业发展统计公报. 中华人民共和国教育部网站，2018-07-19.
[②] 2016年全国教育事业发展统计公报. 中华人民共和国教育部网站，2017-07-10.

教师占比 73.55%，生师比为 19.24∶1①。

职业教育成为高素质技能人才的重要来源，为构建合理教育结构、推动经济发展方式转变、缓解就业结构性矛盾提供了有力支撑。

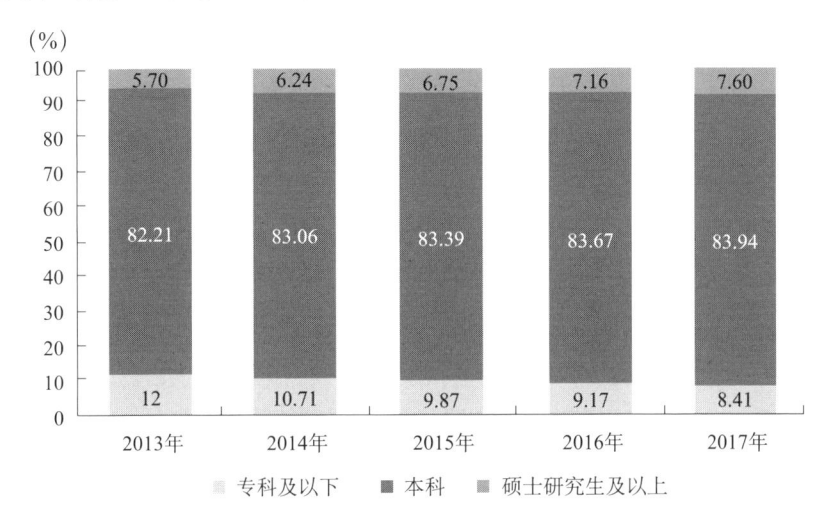

图 4-6　2013—2017 年中等职业学校专任教师学历变化情况

资料来源：2013—2017 年《中国教育统计年鉴》。

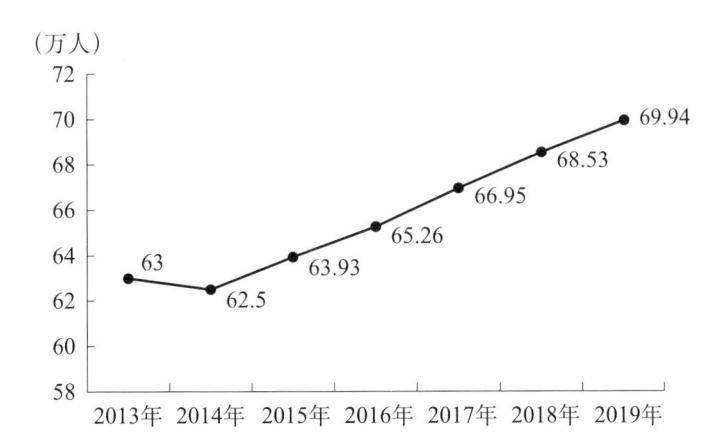

图 4-7　2013—2019 年全国高职（专科）院校教职工数

资料来源：2013—2019 年《中国教育统计年鉴》。

---

① 2019 年全国教育事业发展统计公报. 中华人民共和国教育部网站，2020-05-20.

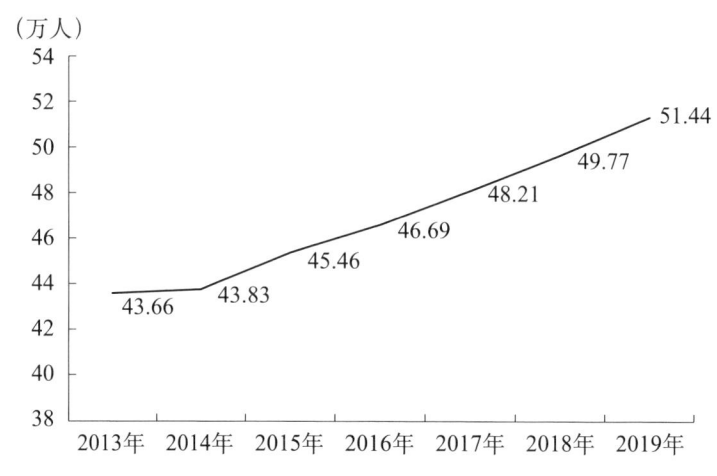

图 4-8　2013—2019 年全国高职（专科）院校专任教师数

资料来源：2013—2019 年《中国教育统计年鉴》。

（六）发展职业教育多措并举

1. 加强基础能力建设

2004 年开始实施的"职业教育实训基地建设项目"，"采用中央财政资金引导的方式，推动各地职业教育实训基地建设"。截至 2011 年，中央财政累计投入专项资金 50.6 亿元，围绕国家重点发展产业领域，建设了 3 056 个职业教育实训基地。

2005 年开始实施中等职业教育基础能力建设规划。国家重点扶持建设 1 000 个县级职教中心，使其成为人力资源开发、农村劳动力转移培训、技术培训与推广、扶贫开发和普及高中阶段教育的重要基地。2005—2011 年，向 3 232 所中职学校投入 120 多亿元，实施基础能力建设和特色学校建设。

2010 年到 2012 年实施的"国家中等职业教育改革发展示范学校建设计划"，中央财政重点支持 1 000 所中等职业学校，引导各级财政、社会各方、行业企业加大职业教育基础能力建设力度。

2006 年，"国家示范性高等职业院校建设计划"启动，遴选 100 所高职院校，国家重点投入建设 409 个专业。中央财政累计投入 27.32 亿元专项资金，带动地方财政投入 60 余亿元，以及行业企业投入近 15 亿元。从 2010 年开始分三批开展"国家示范性高等职业院校建设计划"二期工程——100 所骨干高职院校建设工作，2011 年投入 8 亿元。2014 年，中央财政在整合原有职业教育专项资金"职业教育实训基地""国家示范性高等职业院校建设计划""高等职业学校提升专业服务能力建设计划""国家中等职业教育改革发展示范学校建设计划"和"职业院校教师素质提高计划"等5个专项的基础上,设立现代职业教育质量提升计划专项资金,一是支持各地建立完善以改革和绩效为导向的高等职业院校生均拨款制度,引导高等职业教育创新发展;二是支持各地在优化布局的基础上,改扩建中等职业学校校舍、实验实训场地以及其他附属设施,配置图书和教学仪器设备等,推动建立健全中等职业学校生均拨款制度;三是指导各地加强"双师型"专任教师培养培训,提高教师教育教学水平,支持职业院校设立兼职教师岗位,优化教师队伍人员结构。

2. 提高教育教学质量

坚持育人为本,德育为先。改进德育课程,开发人文素养教育系列教材,连续13年举办"文明风采"竞赛活动,推进文化育人。以专业建设为龙头,开展教育教学改革创新。教育部贯彻依法治教要求,于2010年和2015年先后发布《中等职业学校专业设置管理办法(试行)》和《普通高等学校高等职业教育(专科)专业设置管理办法》,进一步完善了专业设置管理制度建设。确定了"专业目录"的动态调整机制,高职规定每5年修订一次,每年增补一次专业,中职规定定期修订。教育部于2010年、2015年先后发布新版中职、高职专业目录,分别对十年前的中高职专业目录进行了全面修订。教育部根据人才需求预测情况,及时增设新专业,2016—2019年先后增补了31个高职专业、46个中职专业。现有目录内高职专业779个、中职专业367个。自2019年以来,教育部先后公布23所本科层次职业教育试点学校和4所独立学院转设的本科层次职业学校,组织论证形成涉及16个专业大类的80个试点专业。2020年,又对职业教育专业目录进行了一体化修(制)订。2021年初,教育部印发《本科层次职业教育专业设置管理办法(试行)》,进一步规范和完善本科层次职业教育专业设置管理,引导高校依法依规设置专业。

制订统一的专业教学标准成为新时期促进职业教育专业教学科学化、标准化、规范化的重要举措。2010年起,教育部主持启动了全国职业教育专业教学标准研制和开发工作,委托行业主导的各专业类教学指导委员会负责,由教研机构、职业院校和行业企业共同参与制定,先后于2012年和2014年审定发布了410个高等职业教育专业教学标准和230个中等职业教育专业教学标准,后续还将继续研制其余专业的教学标准。与此同时,还启动研制中高职衔接的专业教学标准。

规范学生实习管理,探索建立实习标准动态更新机制,实施职业院校学生实习责任保险制度。2016年4月11日,教育部与财政部、人力资源和社会保障部、安全监管总局、中国保监会联合印发了《职业学校学生实习管理规定》，针对职业学校学生实习中的重点难点问题，完善顶层设计，从制度上进一步规范和加强职业学校学生实习管理。

加快发展职业教育信息化，以信息化促进职业教育的现代化。2011年，教育部启动了国家示范性职业学校数字化资源共建共享计划，建立了全国职业教育数字化资源共享联盟。定期举行技能大赛，制度设计更趋成熟。从2008年起，全国职业院校技能大赛成为每年固定由天津市举办的永久赛事。定期举办职业院校技能大赛，建立"校校有比赛，层层有选拔，国家有大赛"的职业院校技能竞赛序列，形成"普通教育有高考，职业教育有大赛"的人才评价与选拔制度。

3. 深化产教融合与校企合作

中国职业教育逐步建立健全"政府主导、行业指导、企业参与"的办学机制。2010年，教育部会同有关行业组建了基本覆盖国民经济各门类的行业教育教学改革创新指导委员会，形成教育与产业共同发展职业教育的组织机制。2010年以来，教育部委托相关行业主管部门或行业组织牵头和管理，陆续组建了56个行业职业教育教学指导委员会，对相关行业（专业）职业教育教学工作进行研究、咨询、指导和服务，并指导本行业职业教育与培训工作，共同推进职业教育改革发展。

建立职业教育与产业定期对话协商机制。启动于2010年的职业教育与行业的产教高端对话活动，已经举行了多次，并与行业协会（如供销总社、中国有色金属工业协会、中国物流与采购联合会等）联合召开了行业职业教育工作会议，出台了一系列相关政策文件，行业指导体现出制度化、规范化、科学化的发展趋势。

积极推动政府、行业、企业、学校、科研机构及其他组织开展集团化办学。截至2016年5月，全国共建成职业教育集团1 200余个，覆盖60%以上的职业学校和3万余家企业。发轫于20世纪90年代初的集团化办学，历经了20多年发展，从最初的校际"抱团取暖"到现在的多方参与，直至国家政策的积极支持和引导，引起了社会的极大关注。这些职教集团呈现出多种治理结构和组建模式，成为中国目前深化产教融合、校企合作的重要机制，完善人才多样化成长渠道的重要载体，创新职业教育体制机制的重要探索，提升职业教育服务能力的重要途径。

4. 加强教师队伍建设

职业教育教师专业标准体系不断完善。2013年教育部颁布的《中等职业学校教师专业标准（试行）》，是国家对合格中等职业学校教师专业素质的基本要求，是中等职业学校教师开展教育教学活动的基本规范，是引领中等职业学校教师专业发展的基本准则，是中等职业学校教师培养、准入、培训、考核等工作的基本依据。2015 年 1 月 10 日，教育部印发了《中等职业学校校长专业标准》，强调校长要树立以德为先、育人为本、引领发展、能力为重、终身学习的办学理念，并在规划学校发展、营造育人文化、领导课程教学、引领教师成长、优化内部管理、调适外部环境等 6 项校长专业职责上提出了 60 条专业要求，为制定中等职业学校校长任职资格标准、培训课程标准、考核评价标准等提供了重要依据。

实施职业院校教师素质提高计划。"十一五"（2006—2010 年）期间，中央财政投入 5 亿元支持职教师资队伍建设。"十二五"（2011—2015 年）期间，中央财政继续投入资金实施该计划。2016 年，为进一步加强"双师型"教师队伍建设，教育部与财政部决定在 2017—2020 年期间继续实施该计划，其内容涉及职业院校教师示范培训、中高职教师素质协同提升、校企人员双向交流合作等三个方面[1]。

实行职业教育教师企业实践制度。自 2006 年《教育部关于建立中等职业学校教师到企业实践制度的意见》[2] 发布以来，职业教育教师到企业实践的制度逐步实施并取得一定成效。2015 年 10 月，为贯彻落实党的十八大关于加快发展现代职业教育的重大部署，按照全国职业教育工作会议工作部署以及《国务院关于加快发展现代职业教育的决定》关于"落实教师企业实践制度"的任务要求，教育部会同国务院国资委等相关部门研制了《职业学校教师企业实践规定（试行）》[3]，并向社会公开征求意见。该文件对职业教育教师到企业实践的内容与形式、组织与实施、条件保障、考核与奖惩等做出了规定。

5. 关注教育公平

中国政府对职业教育实行国家资助政策。2005 年印发的《国务院关于大力发展职业教育的决定》中明确提出要"建立职业教育贫困家庭学生助学制度"。2006 年印发的《财政部 教育部关于完善中等职业教育贫困家庭学生资助体系的

---

[1] 教育部、财政部关于实施职业院校教师素质提高计划（2017—2020 年）的意见 . http：//www. moe. gov. cn/srcsite/A10/s7011/201611/t20161115_288823. html.

[2] 教育部关于建立中等职业学校教师到企业实践制度的意见 . http：//www. moe. gov. cn/publicfiles/business/htmlfiles/moe/moe_1444/201006/xxgk_88962. html.

[3] 《职业学校教师企业实践规定（试行）》征求意见公告 . http：//www. moe. edu. cn/jyb_xwfb/s248/201510/t20151010_212277. html.

若干意见》和《中等职业教育国家助学金管理办法》两个文件，初步描绘了国家建立中职贫困家庭困难学生助学体系的基本框架。2007年印发的《国务院关于建立健全普通本科高校高等职业学校和中等职业学校家庭经济困难学生资助政策体系的意见》，提出职业教育建立以国家助学金、免学费为主，以校内奖学金、学生工学结合、顶岗实习、学校减免学费为辅的资助政策体系，明确把中等职业学校学生资助政策纳入国家家庭经济困难学生资助政策体系，并在经费安排上实行重点倾斜。其中，国家助学金的资助标准是每个学生每年1 500元。高等职业学校学生享受国家奖学金、助学金和助学贷款等各项奖补政策，受资助面达20%以上。

2009年12月，财政部、国家发展改革委、教育部、人力资源和社会保障部联合出台了《关于中等职业学校农村家庭经济困难学生和涉农专业学生免学费工作的意见》，决定从2009年秋季学期起，对中等职业学校农村家庭经济困难学生和涉农专业学生逐步免除学费，免学费的标准是每个学生每年2 000元。2010年，教育部会同财政部等有关部门印发了《关于扩大中等职业学校免学费政策覆盖范围的通知》，决定从2010年秋季学期起，将免学费政策覆盖范围扩大到城市家庭经济困难学生。从2015年春季学期起，将中等职业学校国家助学金资助标准由生均每年1 500元提高到2 000元。2016年12月，财政部、教育部、人力资源和社会保障部发布《中等职业学校免学费补助资金管理办法》，从此全国范围内各种公办和民办的中职学校在校生都可以享受"免学费"政策。

中等职业教育资助政策的实施，为家庭经济困难学生提供了有力帮助。中等职业学校学生90%来自农村以及城市经济困难家庭，家庭收入普遍较低，教育支付能力相对较弱，许多农村以及城市家庭经济困难初中毕业生无法继续就学。以国家助学金和免学费为主的中职学生资助政策的实施，为这些学生接受高中阶段教育、圆继续读书之梦提供了有效保障，极大地改变了中职学校学生的就学、生活状况。不少因家庭经济困难而失学者或已外出打工的青年重返学校，接受中等职业教育，充分体现了资助政策的扶贫助困的初衷。中职免学费政策的实施是中国继义务教育免费以后的第二项免费政策，将为广大农村学生改变命运、享有平等接受教育权利提供更加有力的保障；让那些暂时处于困难状态的学生，燃起对幸福生活的希望，也必将极大地促进教育公平和社会公平。

6. 扩大区域合作和国际交流

不断扩大区域合作领域。东西部、城乡联合招生合作办学规模继续扩大，联合招生规模达到30万人。职业学校的国际合作与交流活动呈现频繁态势。国家、省级和职业学校层面通过政策对话、合作办学、学生交流、教师交流与培训、合作研究及一般性的交流与访问等途径，与全球五大洲的 30 多个国家建立了国际合作与交流关系。2010—2012 年间，国际交流与合作数量分别为 244、260 和 286 次。其中，东部地区职业教育国际及港澳台合作与交流活动中，合作办学比例最高，为 35%；其次为交流与访问，为 27%；学生和教师交流分别为 13% 和 10%。

2012 年 5 月，第三届国际职业技术教育大会在上海召开，并通过了《上海共识》。它作为深刻影响未来世界各国发展职业教育理念和行动的纲领性文献，和会议一道成为世界职业教育发展历程中一个伟大的里程碑。此后，中国更是加快了国际交流与合作的步伐。教育部中外合作办学监管工作信息平台发布的数据表明，2013 年中国大陆地区高等职业学校合作办学项目共有 696 个，其中新批的项目有 525 个，占项目总数的 75%。

2015 年，教育部印发《高等职业教育创新发展行动计划（2015—2018 年）》，要求各地高职院校配合"走出去"企业面向当地员工开展技术技能培训和学历职业教育。在境外设立的"鲁班工坊""丝绸学院"等办学机构，已经成为职业教育国际交流合作新品牌。2017 年，329 所高职院校在国（境）外与"一带一路"沿线国家开展了 351 项国际合作；在国内面向"一带一路"沿线国家学生开展学历教育近 6 000 人、培训超 10 万人次，成为服务"一带一路"倡议的生力军。

二、职业教育改革与发展中的问题与挑战

（一）现代职业教育体系尚未建立，不能满足人终身发展需求

从学生的角度看，他们作为参与职业教育的重要利益主体，在接受职业教育的过程中希望有顺畅的上进通道，实现自身可持续发展。企业则是参与职业教育的另一个利益主体，站在企业的角度而言，它们同样希望职业教育拥有完善的体系和结构，以满足其对于人才和劳动后备力量的需求。而从目前职业教育的体系来看，其沟通和衔接不畅的问题仍集中表现在中等职业教育与高等职业教育之间、职业学校教育和职业培训之间。中职教育与高职教育在培养目标、专业设置、教学内容、培养模式、课程设置、办学制度等方面都需要加强衔接和沟通。同时，职业学校教育和职业培训如同两条平行线，尚缺乏相互统一的学习成果认证制度。

此外，职业教育体系从外部关系而言，与普通教育、成人教育之间也缺乏应有的有效沟通与衔接。从这个意义上讲，助力各方面人才成长的"立交桥"

尚未在中国教育和培训市场中建立起来，目前这种职业教育体系尚不能满足人的终身发展需求。

（二）部门联席会议的作用发挥不充分，统筹难度较大

职业教育现行管理体制存在的一个突出问题至今仍未得到解决，那就是：职业教育的多头管理，尤其是教育部与人力资源和社会保障部各管一摊，这也直接导致各地方职业教育的管理体制不顺，存在着职业教育资源缺乏与资源分散并存，政策缺位与政出多门并存，投入不足与多头领导并存，说起来重要与做起来次要并存等等怪现象。虽然建立了部门联席会议制度，但其作用十分有限，部门协调工作量和难度都很大，很难从根本上对职业教育实现真正意义上的统筹管理。

（三）办学机制不健全，校企合作缺乏长效机制

近年来，各级政府虽然采取多项措施，通过深化办学体制改革，推进了职业教育与产业、学校与企业、专业设置与职业岗位、课程教材与职业标准、教学过程与生产过程的对接，增强了职业教育服务社会经济发展的针对性和实效性，但仍然缺少相应的法律和制度保障。这集中表现为产教融合、校企合作、工学结合、顶岗实习等方面缺乏长效机制。由于相关法律制度不健全，办学权益者的责、权、利不对等，企业合作积极性不高，大多数校企合作成了"剃头挑子一头热"，学校积极，企业比较冷淡。虽然国家已经出台了鼓励校企合作，特别是支持企业接受职业院校教师和学生到企业锻炼、实习的政策（如学生实习保险、企业参与职业教育税收优惠等），但是这些政策在具体执行过程中，缺乏配套有力的措施或可操作性不强，有时难以落实到位并形成有效机制。

（四）职业教育质量不高，自身吸引力不强

多方面因素导致当前中国职业教育质量不高。

一是职业教育生源基本文化水平低。许多中等和高等职业学校录取分数线很低，特别是中职学生文化基础薄弱，就业创业能力特别是可持续发展能力不强，教学组织难度比较大。对2016年江苏省职业教育领军人才研修班的调查显示，近几年学校招收的新生中16.22%实际上达不到初中毕业文化程度。职业教育承担了将义务教育阶段普通教育不合格毕业生培养为合格的技术技能人才的任务，给职业教育提高教学质量带来巨大困难。

二是教学观念陈旧,专业课程等其他方面的标准与生产岗位的实际需要还存在明显的差距,教学方法还欠妥当,整体上还不能适应技术技能人才培养的需求。教育及教学模式不能充分体现时代特征和职业教育特点,产教之间缺乏深度融合,工学结合缺乏制度化的保障机制,信息技术在教学过程中尚没有得到充分应用。教材选用也不太规范,某些地方和学校还不能严格落实职业教育教材管理的相关规定,选用教材时随意性比较大。

三是职业院校坚持以就业为导向的办学方向不够牢固,当前一些地方和学校有过度强调升学的倾向。在建立现代职业教育体系的大背景下,一些地方和院校出现升学导向,有的还出现了片面追求升学率的现象,甚至有些中等职业学校办成了普通高中,或者举办普高升学班,偏离了职业教育的办学方向。甚至有相当一部分骨干、示范性高职院校想方设法升格为本科院校。

与此同时,劳动力市场对职业教育的需求却很旺盛。全国劳动力市场监测结果显示,近年来,中国劳动力供给与需求出现双重转变。一方面,劳动力市场的用工需求总体上已经比较稳定地超过了求职需求。从市场需求看,近些年技术工人的求人倍率[①]一直保持在 1.5 以上,高级技工的求人倍率甚至达到 2 以上的水平,供需矛盾非常突出[②]。另一方面,市场对劳动力的技术技能等级要求继续提高,特别是对高级工、技师和高级技师等中高端技术技能人才需求日益迫切[③]。面对这种社会现实,作为培养技术技能人才主渠道的职业教育规模近年来不但没有扩大,反而逐渐缩小。

(五)多渠道投入机制不完善,长期缺乏生均经费标准

经费投入不足的问题,始终是影响中等职业教育发展的一个重要因素。尽管"十二五"期间,全国中等职业教育经费投入逐年增长,中职人才培养的基础条件有所改善,但是还存在与需要相比总量仍然不足、经费来源结构不合理、支出结构不科学、国家规定的许多投入政策难以落实等问题。从投入总量上看,职业教育国家财政性教育经费投入与同级别普通教育相比仍明显偏低。而生均总经费和生均一般公共预算教育经费中,中职与普通高中大体相当,高职仅为普通本科的一半左右。

---

① 求人倍率是指劳动力市场在一个统计周期内有效需求人数与有效求职人数之比。
② 人社部举行 2017 年第四季度新闻发布会.http://www.mohrss.gov.cn/SYrlzyhshbzb/zxhd/zaixianzhibo/201801/t20180126_287509.html.
③ 2015 年第一季度部分城市公共就业服务机构市场供求状况分析.http://www.mohrss.gov.cn/SYrlzyhshbzb/jiuye/zcwj/JYzonghe/201504/t20150420_156598.html.

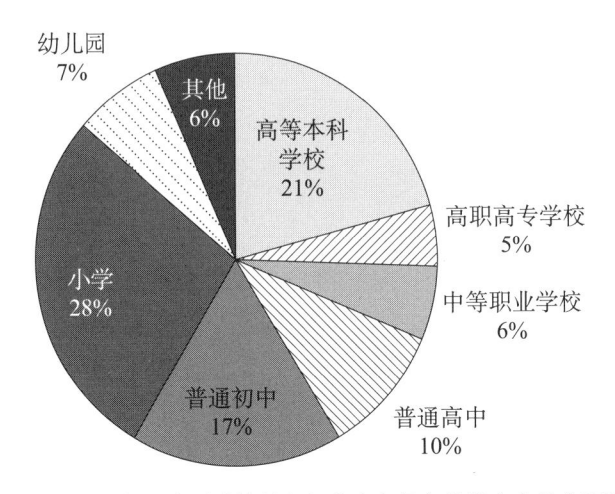

图 4-9　2017 年国家财政性教育经费在各级各类教育中的分配比例

数据来源：《中国教育经费统计年鉴 2017》。

《中华人民共和国职业教育法》和相关文件规定，国家鼓励通过多种渠道依法筹集发展职业教育的资金，鼓励社会力量参与办学，形成公办与民办共同发展的多元办学格局。但是，目前职业教育经费来源渠道仍较单一，主要呈现"两元"主体结构，一是财政投入，二是学费收入，财政性经费所占比例为 75%。高职学杂费占高职教育经费的比例为 32.05%（普通本科学杂费占本科教育经费的比例为 23.52%），多渠道筹资能力不强。民办职业教育举办者投入占总投入的比例，在中等职业教育方面平均不足 1%，在高等职业教育中平均不足 2%。

《中华人民共和国职业教育法》明确提出，要建立职业教育生均拨款制度，但直到 2015 年 12 月，全国尚有山西、湖北、贵州、陕西四省没有建立中职生均拨款制度。2017 年 12 月，上海教育科学研究院发布的《2016 年全国中等职业学校办学能力评估报告》显示，全国各省份已建立中等职业教育生均拨款制度，但是部分地方存在标准不高、落实不到位的问题，部分国有企业举办的职业学校面临经费投入困难。2019 年 11 月发布的《2018 年全国中等职业学校办学能力评估报告》显示，仍有部分省份对职业教育的经费投入不足，问卷调查显示有近一半中职学校校长将主要精力投入到解决学校经费问题上。生均拨款政策长期落实不到位，不能形成职业教育发展的保障机制，导致不少职业院校基础能力仍然薄弱，办学条件长期得不到改善。从已经出台的生均经费标准情况来看，高等职业教育生均经费标准明显低于普通本科标准，在一些省市，中等职业教育财政预算内生均经费水平低于普通高中。鉴于职业教育的办学特点，其生均培养成本应当高于同级普通教育。以法国为例，职业高中的生均成本是普通高中的 3 倍左右。在发展中国家，以马来西亚为例，职业学校学生的人均培养成本是普通学校学生的 4 倍。世界银行 20 世纪 90 年代的研究表明，职业教育生均成本应为同级普通教育的 2.53 倍。目前，中国职业教育生均经费与国际情况相比，差距较大；与职业学校实际办学需求相比，缺口明显。

三、职业教育改革与发展的趋势

《国家中长期教育改革和发展规划纲要（2010—2020 年）》，对包括职业教育在内的整个教育体系进行了规划和设计。2014 年召开的全国职业教育工作会议颁布了《国务院关于加快发展现代职业教育的决定》和《现代职业教育体系建设规划（2014—2020 年）》两个文件，对中国职业教育进行了专门规划。2019 年初，《国务院关于印发国家职业教育改革实施方案的通知》提出，要完善学历教育与培训并重的现代职业教育体系，从 2019 年起在职业院校和应用型本科高校启动"学历证书＋若干职业等级证书"（简称 1＋X 证书）制度试点工作，落实提高技术技能人才待遇，组建国家职业教育指导咨询委员会，完善国务院职业教育工作部际联席会议，探索长学制培养高端技术技能人才，推动具备条件的普通本科高校向应用型转变，研究兴办职业教育的企业教育费附加减免政策，继续完善激励机制等重大政策要点①。

2019 年 2 月，中共中央、国务院印发的《中国教育现代化 2035》进一步重申了中长期职业教育的发展目标，重点部署了以下几项战略任务：一是健全职业教育人才培养质量标准；二是提升高中阶段教育普及水平，推进中等职业教育和普通高中教育协调发展；三是强化职业学校的继续教育与社会培训服务功能；四是加快发展现代职业教育，不断优化职业教育结构与布局，推动职业教育与产业发展有机衔接、深度融合，集中力量建成一批中国特色高水平职业院校和专业；五是综合运用招生计划、就业反馈、拨款、标准、评估等方式，引导职业学校及时调整学科专业结构；六是鼓励有条件的职业院校在海外建设"鲁班工坊"。

国家力图通过改革，使一大批普通本科高等学校向应用型转变，建设 50 所高水平高等职业学校和 150 个骨干专业（群），建成覆盖大部分行业领域、具有国家先进水平的中国职业教育标准体系，培育数以万计的产教融合型企业，推动建设 300 个具有辐射引领作用的高水平专业化产教融合型实训基地，使"双师型"教师占专业课教师总数 50％以上，推进资历框架建设，探索实现学历证书和职业技

---

① http://www.gov.cn/zhengce/content/2019-02/13/content_5365341.htm.

能等级证书互通衔接①。

  总之，通过不断深化改革，力争到 2035 年在职业教育思想观念、结构体系、教育内容、师资队伍和体制机制等方面实现现代化，进一步扩大职业教育机会，全面提升教育教学质量，显著提升职业教育服务于国家现代化建设的能力，使职业教育现代化水平在整体上达到中等以上发达国家水平。

---

① 国务院关于印发国家职业教育改革实施方案的通知. http://www.gov.cn/zhengce/content/2019-02/13/content_5365341.htm.

第五章
当代中国民办教育改革与发展

一、民办教育改革与发展的历程

二、民办教育改革与发展的基本情况

三、民办教育改革与发展的主要问题与趋势

中华人民共和国成立 70 多年来，我国民办教育走过了一段波澜壮阔的历程，从无到有，从小到大，从弱到强，从一元到多元，办学条件不断改善，办学行为不断规范，办学层次不断提升，办学质量不断提高，逐步成为我国教育事业的重要组成部分。这一幅民办教育的历史画卷，是新中国 70 多年发展变迁的一个历史缩影。

一、民办教育改革与发展的历程

（一）近现代时期

我国民间举办教育机构的历史源远流长。从孔子设坛讲学到百家争鸣、私学兴盛；从"稷下学宫"的出现，到汉代的官学私学并举，再到宋代村学、族学、家塾、学院、书院等私学机构的繁盛。私学的兴起为国家教育事业的发展提供了不可小觑的推动力。

近代以来，以西方的教会学校和私立学校为基础的私立教育日益发展。19 世纪末 20 世纪初，我国出现了一大批由各国、各派教会创办的大学。当时的中国政府颁布《私立大学规程》等一系列法律法规之后，全国又涌现出诸如一大批私立大学。

1952 年，党中央决定将私立学校接管并改造为公立学校。对私立学校的接管工作是从私立高校开始的。首先是对教会和外国人在中国办的私立学校进行改造，收回教育主权；随后在 1952 年进行了全国范围的大专院校院系调整，将私立大学全部改为公立大学；接着从 1952 年下半年开始，政府有计划地接管私立中小学，将其改为公立学校，这个工作一直到 1956 年全国生产资料所有制改造基本完成时才基本结束。随着 1956 年社会主义改造的基本完成，私立学校全部收归国有，私学模式中断 20 余年。

（二）改革开放时期

1978 年十一届三中全会以后，由于经济发展迅速，社会急需各行各类人才，人民群众掀起了学习文化和技术的热潮，北京、上海、广州等市相继出现了由离退休教师组织的辅导班和补习学校。邓小平在全国科学大会开幕式上提出："教育事业，决不只是教育部门的事……各行各业都要来支持教育事业，大力兴办教育事业。"在这种形势下，民办教育理念开始萌芽。1982 年《中华人民共和国宪法》颁布，第十九条规定："国家鼓励集体经济组织、国家企业事业组织和其他社会力量依照法律规定举办各种教育事业。"这是新中国成立后第一次以法律的形式正式确立民办教育的地位，为此后民办教育的长足发展奠定了坚实基础。

1987 年国家教委发布《关于社会力量办学的若干暂行规定》，标志着国家正式将民办教育纳入正规教育体系。彼时，国家只允许举办民办非学历教育，还不允许私人举办学历教育。这一阶段民办教育类型以成人教育为主，而且大多是培训班，还不能算真正的学校教育。1992 年，邓小平同志南方谈话后，民办教育迎来新的发展契机。党的十四大报告指出："鼓励多渠道、多形式社会集资办学和民间办学，改变国家包办教育的做法。"1993 年，中央颁布《中国教育改革和发展纲要》，强调要"改变政府包揽办学的格局，逐步建立以政府办学为主体、社会各界共同办学的体制"，标志着中国民办教育从非学历教育进入了学历教育领域。在此背景下，各地开始兴办各级各类民办学校。以上海市为例，上海创办了扬波中学、扬波外国语小学、新世纪中学、新世纪小学、明珠高中 5 所民办中小学；上海市第一所民办高校——上海杉达大学诞生。

（三）法制建设时期

随着经济社会的快速发展和高等教育日益大众化，人民群众接受教育的需求越来越强烈，民办教育在规模、质量、结构、效益上取得了飞跃式进展。

2002 年 12 月 28 日第九届全国人民代表大会常务委员会第三十一次会议审议通过第一部民办教育法律《中华人民共和国民办教育促进法》，该法规定，民办学校在扣除办学成本、预留发展基金及其他必需的费用后，出资人可根据法律从办学结余中取得合理回报。这在当时可谓一项超前性的创新设计。为了更好地贯彻落实《中华人民共和国民办教育促进法》，国务院于 2004 年制定了《中华人民共和国民办教育促进法实施条例》，对一些规定进行了必要的补充和细化。这极大鼓舞了社会各界振兴民办教育的热情。

民办教育的创新发展增加了社会各方面办教育的投入，扩大了教育的规模；实现了教育资源的合理配置，提高了国有资产的利用率；增加了教育供给方式的多样化和选择性，满足了人民群众受教育的需要；推动了教育事业的改革和发展，在一定程度上解决了"穷国办大教育"事实上存在的资源性、规模性、结构性、体制性浪费，提高了办学效率。民办教育在我国教育事业中扮演着越来越重要的角色。同样值得注意的是，这一时期各地民办教育办学体制改革呈现出多样化的特点，也表现出明显的区域特征，并出现四种典型意义的教育模式：广东的储备金模式，上海的民办公助模式，温州的拾遗补缺模式，老少边穷地区的扶贫教育模式。民办学校的体制创新推动着中国教育改革的进程，为公立学校的发展提供了有益借鉴。

2010年《国家中长期教育改革和发展规划纲要（2010—2020年）》进一步明确民办教育的地位："民办教育是教育事业发展的重要增长点和促进教育改革的重要力量。各级政府要把发展民办教育作为重要工作职责。"这是国家赋予民办教育的崭新历史使命。

（四）分类管理时期

2016年11月，第十二届全国人民代表大会常务委员会第二十四次会议审议通过了《全国人民代表大会常务委员会关于修改〈中华人民共和国民办教育促进法〉的决定》，为深化教育领域综合改革、促进民办教育健康发展提供了法律保障，是民办教育改革发展新的里程碑。

当前，按照《全国人民代表大会常务委员会关于修改〈中华人民共和国民办教育促进法〉的决定》和《国务院关于鼓励社会力量兴办教育促进民办教育健康发展的若干意见》等民办教育法规的要求，全国已有30个省、自治区、直辖市先后印发了民办教育地方实施意见或相关配套文件，政策内容涉及分类登记、营利性民办学校监管、培训机构设置和民办学校收费等多个层面。

随着分类管理改革的逐步推进，制约民办教育发展的瓶颈问题得到破解，民办学校的法人属性、产权归属等方面存在的问题和矛盾在法律层面得以澄清和解决。非营利性民办学校可以获得政府更多扶持，提高办学质量；可以利用市场机制，创新教育产品，增加教育供给。在治理模式上，民办教育由"有法难依"走向"有法可依"；在法人属性上，民办教育由"模棱两可"走向"泾渭分明"；在发展方式上，民办教育由"灰色地带"走向"阳光透明"。

二、民办教育改革与发展的基本情况

改革开放以来，随着民办教育政策不断完善，人民群众多样化教育需求日益增加，社会力量兴办教育的热情不断高涨，民办教育快速发展，取得了历史性成就，各级各类民办学校呈现不同的发展态势和特点。

（一）民办教育整体发展迅速

2002—2019年，我国民办教育体量迅速增长，民办学校数和在校生人数大幅增加。根据教育部《2019年全国教育事业发展统计公报》，截至2019年，全国共有各级各类民办学校（教育机构）19.15万所，比2007年增加9.63万所；招生1 774.33万人；各类教育在校生已达5 616.61万人（见图5-1）。

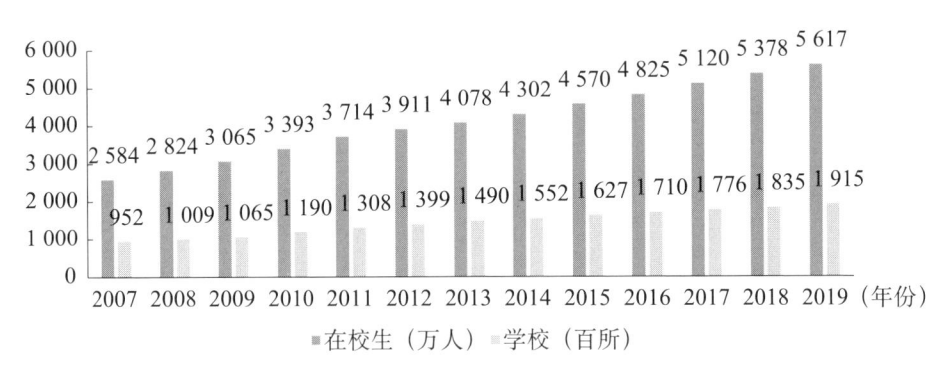

年份	在校生（万人）	学校（百所）
2007	2 584	952
2008	2 824	1 009
2009	3 065	1 065
2010	3 393	1 190
2011	3 714	1 308
2012	3 911	1 399
2013	4 078	1 490
2014	4 302	1 552
2015	4 570	1 627
2016	4 825	1 710
2017	5 120	1 776
2018	5 378	1 835
2019	5 617	1 915

图5-1 我国民办教育2007—2019年学校数、在校生数

资料来源：2007—2019年《全国教育事业发展统计公报》。

（二）民办幼儿园占据半壁江山

2019年，全国共有民办幼儿园17.32万所，比上年增加7 457所，较2002年增长了257.85%，占全国幼儿园总数的61.59%；在园幼儿2 649.44万人，比上年增加9.66万人，较2002年增长了561.50%，占全国在园幼儿总数的56.21%。2002—2019年，全国民办幼儿园数量增长近3倍，民办幼儿园在园儿童数量增长近7倍（见表5-1）。当前，民办幼儿园已经成为我国学前教育的重要力量，占据"半壁江山"，一大批面向大众、收费较低的普惠性民办幼儿园满足了人民群众旺盛的入园需求，缓解了"入园难"问题。

民办学前教育的发展还有助于吸收民间闲散教育资源，弥补国家财政投入的不足。在国家财政经费不能满足教育需求的情况下，通过多种方式吸引民间资本投入，在一定程度上缓解了教育经费供给有限与教育需求庞大的突出矛盾，从而减轻政府发展学前教育的负担。从服务类型看，既有针对贫困家庭的低端幼儿园，也有针对高端群体的高端幼儿园，还有面向大众的普惠性幼儿园可以满足家长对不同价格幼儿教育的需求；从服务形式看，民办幼儿园办园形式多样化，有半日制、全日制、寄宿制等，办园形式的灵活多样满足了家长对不同形式幼儿园的需求。

表 5-1　2002—2019 年民办幼儿园数、在园人数统计表

年份	2002	2003	2004	2005	2006	2007	2008	2009	2010
民办幼儿园/万所	4.84	5.55	6.22	6.88	7.54	7.76	8.31	8.93	10.22
在园儿童/万人	400.52	480.23	584.11	668.09	775.69	868.75	982.03	1 134.17	1 399.47
年份	2011	2012	2013	2014	2015	2016	2017	2018	2019
民办幼儿园/万所	11.54	12.46	13.35	13.93	14.64	15.42	16.04	16.58	17.32
在园儿童/万人	1 694.21	1 852.74	1 990.25	2 125.38	2 302.44	2 437.66	2 572.34	2 639.78	2 649.44

资料来源：2002—2019 年《全国教育事业发展统计公报》。

（三）民办中小学逆势增长

近年来，在全国入学人口下降的情况下，民办小学仍稳步发展。2019年，全国共有民办普通小学6 228所，比上年增加49所；民办普通小学在校生944.91万人，比上年增加60.34万人，民办小学的稳步发展，有力促进了义务教育均衡发展（见表5-2）。

2019年，全国共有民办普通中学（含初中、高中）9 220所，比上年增加542所；民办中学在校生1 047.08万人，比上年增加82.51万人（见表5-3）。民办中学办学活力和竞争力不断增强，已成为全国同阶段教育的重要增长点和亮点。

民办中小学这些年在国内发展势头迅猛，慢慢开始颠覆人们对民办教育的传统观念，现在民办中小学的教学质量和师资水平与公办不相上下，特别是在一些经济发达地区，义务教育阶段的民办学校逐渐成长为优质教育的代名词，如依上海及杭州中考成绩来看，不少表现优异者来自民办学校，民办学校教学质量提升显著。在与公办学校的比较中，民办初中毕业生进入市、区重点高中的比例更高，进入职业高中的比例更低。优秀教师的培育与吸纳是民办中小学学校的核心生存力所在。绝大多数民办中小学都提出了"以人为本、以师为本"的发展战略，始终将教师的专业成长视为学校可持续发展的立足点之一。除此之外，民办中小学还以开源融资为主旨，区别对待不同投资主体。国家、社会应该帮助民办中小学拓宽注资渠道，帮助其更好地提供优质或特色的选择性教育服务。

（四）民办中等职业学校机遇与挑战并存

民办中等职业学校是高中教育体系的组成部分之一。2000年，全国有民办职业中学999所，在校生30.34万人。2006年，针对民办中等职业教育发展相对缓慢、规模偏小等问题，教育部提出要进一步扩大全国民办中等职业教育的办学规模。在政策支持下，民办中等职业教育事业获得进一步发展。2019年，全国有民办中等职业学校1 985所，在校生224.37万人（见图5-2、图5-3）。民办中等职业教育对于更新教育观念、扩大职业教育规模、促进社会就业具有积极的意义。

表 5-2 2002—2019 年民办小学数、在校生数统计表

年份	2002	2003	2004	2005	2006	2007	2008	2009	2010
民办小学/所	5 122	5 676	6 047	6 242	6 161	5 798	5 760	5 496	5 351
在校生/万人	222.14	274.93	328.32	388.94	412.09	448.79	480.4	502.88	537.63
年份	2011	2012	2013	2014	2015	2016	2017	2018	2019
民办小学/所	5 186	5 213	5 407	5 681	5 859	5 975	6 107	6 179	6 228
在校生/万人	567.83	597.85	628.6	674.14	713.82	756.33	814.17	884.57	944.91

资料来源：2002—2019 年《全国教育事业发展统计公报》。

表 5-3 2002—2019 年民办普通中学数、在校生数统计表（含初中、高中）

年份	2002	2003	2004	2005	2006	2007	2008	2009	2010
民办普通中学/所	5 362	6 330	7 172	7 783	7 796	7 583	7 321	7 001	6 758
在校生/万人	305.91	397.94	500.41	599.2	641.78	658.51	668.7	664.02	672.18
年份	2011	2012	2013	2014	2015	2016	2017	2018	2019
民办普通中学/所	6 676	6 704	6 910	7 185	7 461	7 872	8 279	8 678	9 220
在校生/万人	677.54	686.37	693.99	725.65	759.89	811.9	883.94	964.57	1 047.08

资料来源：2002—2019 年《全国教育事业发展统计公报》。

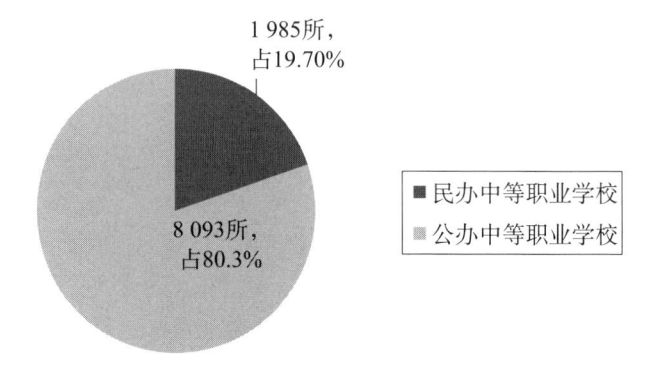

图 5-2　2019 年全国民办中等职业学校数与公办中等职业学校数对比

资料来源：《2019 年全国教育事业发展统计公报》。

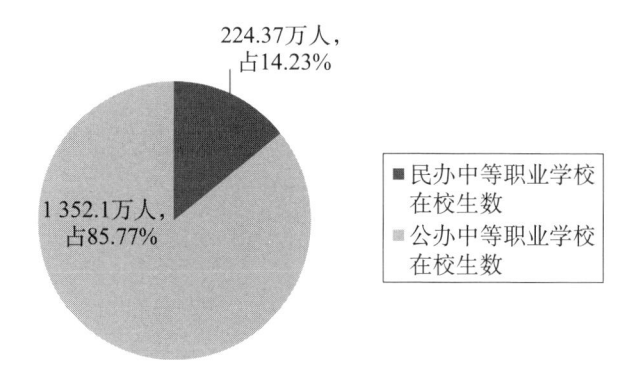

图 5-3　2019 年全国民办中等职业学校与公办中等职业学校在校生数对比

资料来源：《2019 年全国教育事业发展统计公报》。

发达国家的经验表明，发展民办中等职业教育可有效弥补公共财政投入的不足，减轻政府负担，保障中等职业教育的社会供给，满足广大民众多元化的职业教育需求。《国务院关于加快发展现代职业教育的决定》提出："引导支持社会力量兴办职业教育。"教育部等六部门编制的《现代职业教育体系建设规划（2014—2020 年）》强调指出要"加快民办职业教育发展步伐"。民办中等职业教育在妥善解决流动人口及其子女的教育问题、安置外来人口流动子女以及内地欠发达地区尤其是农村和山区留守儿童就学方面，发挥了积极作用。据广州市调查，外来农民工子女大多数跟随父母居住在广州，这类儿童占农民工子女人数的 91.4%，只有约 8.6% 的农民工子女留守农村。众多面向弱势群体、学费低廉、以招收低收入家庭和农民工子女为主的民办中等职业学校，承担着对流动人口子女教育的职能，激励了外来人口工作积极性，促进了社会和谐，在解决我国教育公平的难题上，发挥了不可替代的作用。

（五）民办高校成为高等教育重要生力军

2019年，民办高校有757所（含独立学院257所），比上年增加7所，占全国普通高校总数的28.16%；民办高校在校生708.83万人，比上年增加59.23万人，占全国普通高校在校生总数的17.71%。2003—2019年，全国民办高校数量增长了337.57%，民办高校在校生数量增长了775.10%（见图5-4）。

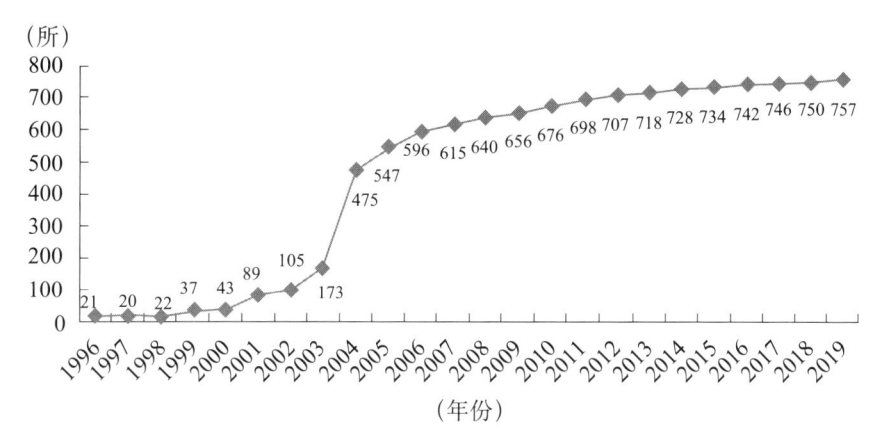

图5-4　1996—2019年全国民办高校数量走势

资料来源：1996—2019年《全国教育事业发展统计公报》。

我国民办高等教育蓬勃发展，办学规模不断扩大，办学水平不断提高，办学行为不断规范，办学声誉日益良好，一批有特色、高质量的民办高校正在逐步形成。一些高水平民办高校大胆创新、勇于变革、深耕细作，在人才培养质量、办学条件、办学特色、社会声誉等方面取得突破。部分民办高校在课程改革、学科专业、科研服务、党建思政等方面形成品牌，获得行业内公认。在一些省份和城市，民办高校表现抢眼，从早先的默默无闻变为不可或缺，甚至引领地区教育事业，为区域经济发展做出了卓越贡献。

民办高等教育的复兴，对政府办学予以有力补充，增加了全社会的高等教育投入，扩大了高等教育的总体规模，增加了优质高等教育资源，满足了人民群众对多样化优质高等教育的选择性需求，加快了我国高等教育大众化的进程，为中国的社会转型与和谐社会建设贡献了力量。

（六）民办教育培训机构风生水起

民办教育培训市场历经40余年的发展，已发展到相当可观的规模。截至2018年，我国民办教育培训机构25 064所，910.10万人次接受了培训。近几年，大量针对中小学的学科培训涌现出来，产业形态从家教模式演变为机构模式，从大班化教学演变为小班化教学，乃至一对一培训。凭借现金充足、利润巨大的优势，通过融资、上市、资本运作，民办教育培训机构获得快速扩张，不少风投、基金涌入培训市场，新东方等11家民办教育培训机构在海外上市，众多境外资本争相登陆中国培训市场。民办教育培训市场保持迅猛发展态势，成为建设学习型社会的重要力量。

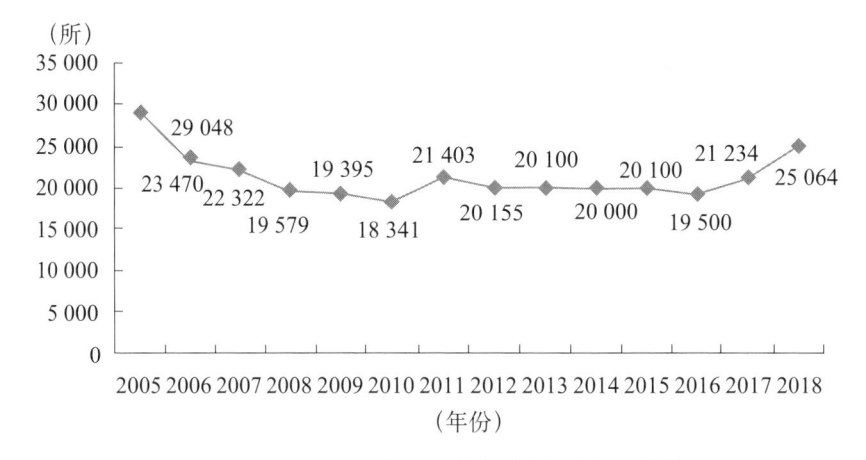

图5-5　2005—2018年民办教育培训机构数量趋势图

资料来源：2005—2018年《全国教育事业发展统计公报》。

民办教育培训机构是社会力量办学的一种组织形式，从社会责任、为社会分忧解难、青年成长机遇以及对国家教育体制创新的角度来看，民办培训教育机构发挥了一定的积极作用，特别在构建学习型社会的过程中发挥着不可估量的作用。当前民办教育培训机构呈现品牌化、专业化、连锁化的发展趋势。知名品牌教育培训机构依靠自身的核心竞争力在教育培训市场上迅猛发展，专业培训机构则注重纵深发展，专注造就专业，同时教育培训机构建立自身品牌特色之后，以品牌化加盟的模式快速占领教育培训市场。面对生存发展的激烈竞争，民办教育培训机构需要转变自身观念，实施优质教育，办出学校特色，只有树立"教育的需要就是我们的目标""学员的需要就是我们的追求"的发展信念，才能克服各种困难得以生存和发展。

三、民办教育改革与发展的主要问题与趋势

（一）主要问题

虽然我国民办教育改革与发展取得了很大成绩，但是我们也要看到，民办教育发展过程中存在诸多瓶颈问题，影响了民办教育事业的健康长远发展。

1. 办学经费短缺，社会投入不足

目前，学费收入仍旧是我国绝大部分民办学历教育学校办学经费的主要来源，学校吸引社会资金的能力有限，经费不足问题愈加突出。办学经费总量不足和来源单一，是制约民办学校发展的重要因素。特别是 2016 年《中华人民共和国民办教育促进法》修正以来，举办者投入民办学历教育的动力有所下降，社会投入下滑。目前，我国民办学校获得的捐赠，无论是绝对数量还是所占比例都非常低。虽然很多地区已建立财政资助民办高校的制度和政策，但扶持力度非常有限，大多数地区民办高校很难享受政府财政经费支持。在此背景下，绝大多数民办学校办学经费总量不足，制约了民办学校的可持续发展。

2. 同等地位未落实，存在社会歧视

虽然《民办教育促进法》规定民办学校与公办学校具有同等的法律地位，但现实中许多政策在"最后一公里"受阻，执行起来较为困难。例如，学校不能享受公办学校同等法律地位；政府财政对民办学校的扶持资金严重偏少；办学自主权不足，在生源选拔、科研项目申报、教师职称评审、课程及教改项目立项、经费配套等多个方面存在权利、机会、规则不对等；教师在资格认定、职称评审、教研活动、课题申报、评优评先方面没有与同类公办学校教师享有同等政策待遇；在享受国家有关税费减免、建设贷款、土地征用、教师权利、教师待遇等优惠政策方面仍有较大差距，社会歧视现象和隐形壁垒依旧存在。

3. 治理结构不完善，制度建设滞后

健全的法人治理结构是民办学校健康发展的压舱石。目前一些民办学校尚未完全落实法人财产权，不具备法人条件，资产过户工作进展缓慢，土地、房产等资产仍在举办者个人或公司名下，法人资格虚置给民办学校的稳定留下隐患。民办学校运行过程中普遍存在决策、执行、监督三者职权配置失衡、不协调甚至有冲突的现象，传统的粗放式、家族式管理模式依然存在。民办学校章程不够完善，信息公开任重道远，财务制度建设有待加强。民主管理程度需要提升，工会、教职员工代表大会难以真正确保广大教职工民主参与和有效监督。

民办学校发展历史较短，离形成相互制衡、多元利益主体共治的民办学校法人治理目标尚有一定差距。

4. 师资队伍薄弱，教育质量不高

由于办学历史短、经费少，民办学校教师待遇偏低，在人员编制、社会保险、福利待遇等方面与同类公办学校有较大差距。教师队伍的职称、年龄、学历结构两头大、中间小，高水平教师缺乏，师资队伍的流动性大。一些学校存在"重使用、轻培养"现象，师资队伍质量难以提升，无法满足培养高素质人才的需要。部分民办学校办学特色不鲜明，在人才培养质量、服务社会能力、教学管理水平、毕业生就业质量等方面不尽如人意，社会认可度不高，陷入质量洼地。

5. 办学不够规范，影响整体声誉

近年来，由于一些民办学校内部管理不够规范、片面追求利润最大化等，加之缺乏有效监管，民办教育衍生出种种乱象。如有的学校不按照审批的办学专业、办学内容和办学形式办学，不按规定的收费标准收费；有的民办学校的管理机构不健全，管理力量薄弱，特别是思想政治工作队伍力量薄弱，对学生的思想状况、家庭状况、经济状况以及学习、生活情况了解甚少；一些学校为招揽生源，违规提前招生、超计划招生、虚假宣传、恶性争抢生源等，严重干扰了正常的招生秩序；一些无证简易培训学校办学点分散，平时难以监控，往往是执法人员来了就不办，走了接着办，执法成果难以巩固，同时，还存在被取缔学校的学生难以消化的问题。如北京市摸排中发现一些培训机构存在超标教学、违法办学等问题，影响了学校正常教育教学秩序，加重了学生课外负担和家庭经济负担，社会反应比较强烈。一些培训机构卷款跑路，消费者上门追讨培训费；上海携程亲子园、北京红黄蓝幼儿园相继曝出"虐童"事件，成为全国舆论关注的焦点，说明民办教育领域需要进一步加强监管。

（二）趋势

党的十九大对新时代中国特色社会主义发展进行了战略部署。第一阶段从 2020 年到 2035 年，在全面建成小康社会的基础上，再奋斗 15 年，基本实现社会主义现代化。第二个阶段，从 2035 年到本世纪中叶，在基本实现现代化的基础上，再奋斗 15 年，把我国建成富强民主文明和谐美丽的社会主义现代化强国。强国必先强教。十九大报告明确提出，建设教育强国是中华民族伟大复兴的基础工程，强调要把教育事业放在优先发展位置，深化教育改革，加快教育现代化，办好人民满意的教育。从这个意义上说，包括各级各类民办教育在内的整个教育战线，都承担着为社会主义现代化强国建设培养各类合格人才和为广大人民群众提供更多更好教育服务的使命和责任。

新时代，我国社会主要矛盾已经转化为人民日益增长的美好生活需要和不平衡不充分的发展之间的矛盾。这一主要矛盾在教育领域的表现，就是人民日益增长的对优质教育的多元需求与教育发展不平衡不充分之间的矛盾。单一的教育供给已经无法满足人们多元的教育需求。以学习者为中心的个性化、多样化学习将成为主流，教育评价更趋多元。学习资源更加丰富、学习途径更加便捷，学习者对学习时间、场所、方式、节奏等自主性要求越来越强，"灌输式""大班化"已适应不了个性化需要。人民群众对教育的需求已从"有没有""能不能"转变为"好不好""优不优"，从"有学上"就行到普遍期待"上好学"，对学校、教师、专业、课程的选择性要求越来越高。近年来，人民群众对教育的需求，特别是对优质化、个性化、多样化教育的需求愈加强烈，教育消费快速升温。民办教育作为个性化、选择性教育的提供者，面对受教育者的新要求新期待，需要大胆探索，改革创新，提高质量，多元发展，顺向而动，顺势而为，为社会提供更多品牌化、个性化的教育服务。

面对民办教育发展的新形势、新目标、新要求，必须采取新措施，积极推动民办教育事业健康快速发展，谱写民办教育的新篇章。

1. 坚持正确办学方向

当前民办教育改革已经进入深水区，不同的学校会有不同的选择。各级各类民办学校要提高政治站位，增强政治意识，切实加强党的领导和建设，充分发挥政治核心作用，按照党的要求办学治校、立德树人。扎实推进党的组织和工作覆盖，健全党组织参与决策制度，坚持社会主义办学方向，引导师生树立正确的世界观、人生观、价值观，培养担当民族复兴大任的时代新人。要坚持公益办学，始终把社会效益放在首位。无论非营利性民办学校，还是营利性民办学校，其根本宗旨都是立德树人，都是为社会主义事业培养建设者和接班人。

实践表明，无论营利性民办学校还是非营利性民办学校，都要坚持公益属性，始终把社会效益放在首位。一方面，要大力倡导公益性办学，重点扶持非营利性教育优先发展；另一方面，营利性民办学校同样需要遵循教育规律办学，不能追求低成本高收益。只有坚持公益，依法办学，才能办出让政府放心、人民满意的教育。广大民办学校和民办教育工作者要切实坚持教书育人、育人为本，以高度的社会责任感立德树人。

2. 努力打造办学特色

办学质量是民办学校的生命线，办学特色是民办学校的核心竞争力。优质特色办学，提供丰富多样的高品质教育服务是新时代对民办教育提出的新要求，民办学校更容易通过找准自身发展内核和核心优势，树立优质品牌，从而获得社会公众的选择。民办学校拥有比公办学校更加灵活的机制，有更多可以自主探索和创新的生存和发展空间。民办教育未来要继续在提高质量上下功夫，在办出特色上出实招，找准自身定位，差异化发展，实现人无我有、人有我优、人优我特。教师队伍是提高教育质量的关键，也是当前制约民办学校发展的突出问题。投资教师就是投资教育，就是投资未来。民办学校要贯彻落实《中共中央 国务院关于全面深化新时代教师队伍建设改革的意见》，教育投入更多向教师倾斜，切实加强教师队伍建设，不断提高教师待遇，加强教师培训进修，努力提高民办教师政治地位、社会地位、职业地位，让广大教师安心从教、热心从教。

3. 强化依法规范管理

从十七大报告"鼓励社会力量兴办教育"到十八大报告"鼓励引导社会力量兴办教育"再到十九大报告"支持和规范社会力量兴办教育"，可以看出民办教育的规范发展不断得到强调。民办学校的健康发展离不开政府的监督管理。全国许多省、区、市着手构建规范管理长效机制，如上海市加强年检和财务审计，重庆市落实民办学校法人财产权，诸多管理举措促进了民办学校的规范发展和良善治理。

事实上，通过支持和规范，有效解决民办教育发展中的不平衡不充分的问题，是办好人民满意教育的必然要求。对于各级各类学校来说，都要自觉遵守各项法律法规，民办高校要切实落实法人财产权，保障财务管理规范；民办中小学要规范招生和教师管理。对于培训机构而言，则要切实贯彻落实国家关于规范教育培训市场的要求，推动自查自纠，促进规范管理。

4. 优化外部政策环境

鼓励社会力量办学，促进民办教育发展，是一项事关当前、利在长远的重要任务。无论是从弥补教育经费不足的角度，还是从激发教育体制活力的角度，都必须放手发展民办教育。只有始终做到公办、民办教育一起抓、两手硬，才能办好人民满意的教育，更好地满足人民群众不断增长的教育需求。民办教育发展的历史表明，政府的重视支持是民办教育发展的重要动力，凡是民办教育发展较快较好的地区，无不是政府高度重视大力扶持，譬如广东深圳、浙江温州、河南周口等等。近年来，一些省市加大对民办教育的财政扶持，明显改善了民办学校办学条件。一分规划,九分部署。展望未来,应进一步完善民办教育法律法规,加快修订《中华人民共和国民办教育促进法实施条例》,优化民办教育政策体系,为民办学校的发展创造良好的外部条件。要基于营利性与非营利性对民办学校进行分类管理,采取公平而有差别的扶持政策,扶需扶特、扶优扶强,支持两类学校根据各自不同定位,办出特色和水平。要全面落实民办学校办学自主权,鼓励和吸引更多民间资本投入教育领域。

展望未来,在党和政府的关怀与支持下,在社会各界的关注与重视下,在全国民办学校的共同努力下,我国民办教育事业定将再谱华章,再铸辉煌。

第六章
当代中国课程与教学改革与发展

一、课程与教学改革与发展的历史经纬

二、课程与教学改革与发展的基本特征与主要成就

三、课程与教学改革与发展的趋势

当代中国课程与教学，划界于"文革"结束之后。"文革"结束后，中国教育改革发展进入一个新的历史时期。改革开放是新时期最鲜明的特点。"科教兴国"是建设中国特色社会主义的发展战略。邓小平"三个面向"思想是当代中国教育事业改革发展的根本要求。改革开放以来，工业化、信息化、经济全球化快速推动社会经济结构转型和经济发展方式转变，教育必须为我国从人口资源大国迈向人力资源强国的战略实施提供根本保障和核心动力。2004年，中国开始步入高等教育大众化阶段。截至2010年底，全国已基本实施九年义务教育和基本扫除青壮年文盲，全国"两基"人口覆盖率达到100%。从以强调基础知识、基本技能的"双基"教育逐步发展到"全面实施素质教育"，是教育应时代要求的深刻变革和战略转向。

一、课程与教学改革与发展的历史经纬

当代中国课程与教学，按其政策沿革划分，经历了四个阶段，即我们通常讲的第五次至第八次课程改革（前四次课程改革发生在"文革"之前）。第五次课程改革发生于1977—1985年。其起始的标志性的事件是1977年9月恢复高考。1978年，教育部相继制定了全日制中小学暂行工作条例。1981年，国家经过三年治理整顿，逐渐走上了正常的轨道，为了贯彻十一届三中全会精神，适应不同学制要求，国家教委共制订了四个中小学教学计划；根据新颁布的教学计划，人民教育出版社开始修订原十年制教材和编制十二年制教材，对课程教材体系进行了调整和变革。这一阶段课程改革以恢复"十七年"为目标，旨在整顿学制与课程的制度，恢复正常的办学与教学秩序。教育领域的全面"拨乱反正"，为当代中国课程与教学的发展创造了良好的环境。

第六次课程改革，通常划界为1985—1991年；第七次课程改革则为1992—2000年。从第八次课程改革的角度回视，这两个阶段连续性很强，几乎不存在明显的"缝隙"。建设为主体，发展为主题，改革为主线，构成了这两个阶段教育事业包括课程与教学的基本面。从1985年《中共中央关于教育体制改革的决定》颁布开始，我国逐步开展了课程决策权力分配的改革。1988年，国家教委发布《九年制义务教育教材编写规划方案》，开始实施"一纲多本"的改革方案。《中华人民共和国义务教育法》颁布之后，国家教委在1988年制定了《义务教育全日制小学、初级中学教学计划（试行草案）》，将初中课程从中学课程中分离出去，并在教学计划中给课外活动留出固定的空间。经过试验修订，1992年该试行草案更名为《九年义务教育全日制小学、初级中学课程计划（试

行)》，第一次将"教学计划"更名为"课程计划"，也是第一次在课程计划中出现了两种课程类型，即学科课程与活动课程，并第一次规定了设置地方课程。这次课程改革延伸至高中，国家教委于1996年颁发了《现行普通高中教学计划的调整意见》，并颁发了同义务教育相衔接的《全日制普通高中课程计划（试行）》。试行的高中课程计划规定，学校应该"合理设置本学校的任选课和活动课"，高中课程实施国家、地方、学校三级管理体制。总体而言，当代中国课程与教学的变革与发展，"表现出较好的层次性与过渡性，即，在稳定的国家发展政策的指导下，每一调整都与上一次调整有较好的衔接性"[①]。

新世纪基础教育课程改革，通常又称为第八次课程改革，是新中国成立以来规模最大、影响最深的一次课程改革，也是当代中国课程与教学的主体。其标志性文件是2001年6月8日教育部印发的《基础教育课程改革纲要（试行）》改革。《纲要》指出："教育部决定大力推进基础教育课程改革，调整和改革基础教育的课程体系、结构、内容，构建符合素质教育要求的新的基础教育课程体系。"《纲要》颁布之后，2001年7月教育部颁布了义务教育各学科课程标准，同年11月教育部印发了《义务教育课程设置实验方案》。当年秋季，首批38个国家级课程改革实验区进入新课程实验。此后课程改革实验区快速扩大，课程改革各项工作顺利推进。2003年4月，与义务教育新课程相应的普通高中课程方案和各学科课程标准正式颁布，并在2004年秋季在部分省市开始试行。2012年广西壮族自治区全面实施普通高中课程改革，新课程改革覆盖全国。2010年，教育部开始组织对义务教育各学科课程标准进行修订，并于2011年12月印发了新修订的版本。此后，普通高中课程方案及各学科课程标准修订工作亦随即启动。

国家课程标准教科书的编制和使用，是新课程改革的重要组成部分。改革开放以来，我国中小学教科书逐步改变了由国家统一组织编写的状况。1993年颁发的《中国教育改革和发展纲要》即明确指出："中小学教材要在统一基本要求的前提下实行多样化。"教材多样化政策的全面实施是与新世纪课程改革相伴而生的。比较新课程改革前后，仍然可以大致看出教科书在行政许可上"国定制"与"审定制"、组织编写上"统编"与"竞编"、内容实质上"多本化"与"多样化"、发行使用上"配发"与"选用"的区别。新的教科书多样化的管理体制以及编写和选用机制，极大促进了各学科课程建设以及办学行为、教学方法和学习方式的深刻变革。

---

① 吕立杰.国家课程设计过程研究.北京：教育科学出版社，2008：78.

二、课程与教学改革与发展的基本特征与主要成就

（一）基本确立了"以人为本，实施素质教育"的价值核心和目标核心

"以人为本，实施素质教育"，是当代中国课程与教学改革发展的价值核心和目标核心。素质教育是 1985 年以后逐步提出的。1994 年，《中共中央关于进一步加强和改进学校德育工作的若干意见》第一次正式在中央文件中使用了"素质教育"的概念。1999 年，《中共中央 国务院关于深化教育改革全面推进素质教育的决定》颁布，并以素质教育为主题召开改革开放以来第三次全国教育工作会议，对实施素质教育进行全面部署。《国家中长期教育改革和发展规划纲要（2010—2020 年）》明确提出："坚持以人为本、全面实施素质教育是教育改革发展的战略主题。"这是从人力资源大国向人力资源强国迈进的时代选择，是人的全面发展的根本要求和价值追求。

2001 年颁布的《改革纲要》，在编制、审议过程中曾有加上正标题的动议，正标题就是"为了中华民族的复兴，为了每位学生的发展"。其中透出的信息，明确无误地点明了本次课程改革的核心价值观；特别是"以学生发展为本"的思想，是教育战线思想解放的重要成果，也是当代中国课程与教学变革的更高期盼。其时，中央层面还没有提出"以人为本"，课程改革的核心价值观就已经体现出"以人为本"的思想[1]。这也可见，当代中国课程与教学变革的主动性、自觉性和先进性，践行了国家对教育必须在社会经济发展中发挥"先导性"重要作用的要求。正是立定了"以人为本，实施素质教育"的核心价值、核心目标，当代中国课程与教学的变革总体看来路宽步阔、风正帆悬。这个过程中，固然也有争议，有迟疑，比如学界在课程与教学论领域著名的"钟王之争"[2]，再比如实践领域广大一线教育工作者在新课程改革中普遍遭遇到的像南京"高考之痛"这样的现实境遇的困惑[3]，等等。儒家教育经典《大学》所谓"心诚求之，虽不中，不远矣"，也正因为有"以人为本，实施素质教育"这个核心在，就有了最基础的对话语境和共识空间，不同甚至对立的观点看法、不

---

[1] 杨九俊. 中国基础教育课程改革推进研究. 南京：江苏教育出版社，2012：20-21.
[2] 黄小莲，刘力. 我们需要怎样的课程改革：兼评《"新课程理念""概念重建运动"与学习凯洛夫教育学》. 课程·教材·教法，2009（7）.
[3] 于英杰. 追问南京"高考之痛". 教育发展研究，2004（10）.

同的教学实践探索，都能综合参详，成为当代中国课程与教学健康稳健发展的思想资源和实践资源。

（二）初步构建起符合素质教育要求的新的基础教育课程体系

《改革纲要》开篇即明确提出："教育部决定大力推进基础教育课程改革，调整和改革基础教育的课程体系、结构、内容，构建符合素质教育要求的新的基础教育课程体系。"改革开放40多年尤其是新课程改革近20年来，新的基础教育课程体系初步形成。

《改革纲要》从"课程功能""课程结构""课程内容""课程实施""课程评价""课程管理"六个方面，完整而明晰地阐述了课程改革的"具体目标"。"具体目标"的六个方面，是课程体系的基本要素，构成了课程体系的基本原则和总体框架。课程体系的核心则是文件明确提出的"符合素质教育要求"。这一根本要求，进一步落实在人才培养层面则具体表述为"对不同阶段的学生在知识与技能、过程与方法、情感态度与价值观等方面的基本要求"。"知识与技能、过程与方法、情感态度与价值观"的三维目标，是对教学和学习行为以及受教育者素质的结构性、整体性阐释，既具有科学性与先进性，又极具指导性与实践性。三维目标，历史性地超越了"双基"教学，体现了新课程体系的时代"成色"；同时，三维目标还超越了传统的课程（论）与教学（论）的界限，丰富了新课程体系的内容和功能。

从课程物态看，《改革纲要》、各学科课程标准、各学科课程标准教科书、地方课程、校本课程等等，以及各级各类教师培训计划和课程政策（包括考试招生政策等）等等，从内容功能类别与课程科层制度两方面，呈现了初具规模的课程文本体系，体现了当代中国课程与教学的重要成就。

课程结构是课程体系的构造行为与构造形态，具体指课程体系中各类课程的设置。旧课程结构过于强调学科本位，各自按自身知识体系建构，科目过多，缺乏整合。新课程结构整体设置课程门类和课时比例，并设置综合课程，体现课程结构的均衡性、综合性和可选择性。新课程的设置，着力于变革课程形态、完善课程类型。学科课程-活动课程、学术课程-经验课程、分科课程-综合课程、正式课程-非正式课程、国家课程-地方课程-校本课程等，不同属性和功能的课程类型，共同构建了丰富、开放的课程体系，"符合素质教育要求的新的基础教育课程体系"初步形成。

（三）学科与课程持续对话，促进了课程与教学领域的自立与自觉

新世纪基础教育课程改革的具体目标之一就是"改变课程结构过于强调学

科本位、科目过多和缺乏整合的现状"。要改变的是"'过于'强调",并非"'不'强调"。学科偏重于科学性和系统性,课程偏重于目的性、适宜性和有效性,"为了学生全面发展"的目的性是课程的本质属性。学科本位必然造成学生的片面发展,加剧学生发展的工具性和功利性;但没有学科作为课程的"前置条件",课程的"为人"的目的性反而会受到各种权力和价值支配的"人为"干扰,从而使课程发展处在不确定中。学科建设与课程建设的相互促进,是改革开放以来课程与教学领域的特征之一。一方面,讨论这一时期的学科教学,不能也无法脱离课程改革的语境;另一方面,学科建设也极大地推动了课程与教学的变革。"文革"十年,学科建设差不多被破坏殆尽。"文革"结束后,教学领域"拨乱反正"的基本路径主要是以学科知识为主的"学科本位"的进路。这一路径是对教育教学自身的探寻。新课程改革之于此前20年的学科教学改革,既是转型,也是接续。改变课程结构过于强调学科本位的现状,并不能等同于不重视学科。可以这样说,正是课程改革促进了学科理论和学科体系的建设。

课程改革语境的学科建设,是在与课程建设既相互促进又相互矛盾的对话的张力中展开的。比较有代表性的是数学学科和音乐学科。2005年全国两会上中国科学院院士姜伯驹提交了一份提案,指出正在实行的"新课标",即《全日制义务教育数学课程标准(实验稿)》存在比较"严重的"问题,"课程体系完全另起炉灶,在实践中已引起教学上的混乱"。姜伯驹的观点引起广泛讨论。尽管实际情形并不完全如此,仍然促进了学科与课程的对话,进而促进了数学课程的有序调整和健康发展。如果说数学学科与课程主要是内外对话,那么音乐学科与课程的对话则主要是内生的。比较音乐义务教育课程标准的2001年版和2011年版,后者吸取10年课改实验的经验,依据"以音乐为本"的总要求,突出了学科特点,对2001年版进行了全面的"升级",达成了学科与活动、学科知能与审美体验的平衡,堪称"音乐课程改革新的里程碑"。总的看来,新课程改革过程中学科建设取得了快速、健康的发展。2011年版的课程标准中,数学学科在总体目标中明确提出了"四基"(基础知识、基本技能、基本思想和基本活动经验),在"双基"基础上,突出了培养学生创新精神和实践能力的改革方向,也更能全面反映数学学科的性质、功能和价值。2011年版课程标准中,生物学科在内容标准的十个主题中增加(或修改)了47个生物学重要概念,反映了当今国际上科学教育的研究成果和发展趋势,凸显了重要科学概念的传递,对提高生物学课程水平具有重要的作用。有一些学科如音乐、美术、体育等,新课程改革之前基本上"零打碎敲"、不成体系,是新课程改革为学科发展提供了重要的历史机遇。比如，体育（与健康）学科成功完成了从"体质为主"到"健康第一"的范式转换，学科理论建设和学科体系构建都取得了整体性的突出成就。

（四）"自下而上"与"自上而下"互动互补的生态环境逐渐形成

新中国成立以来八次课程改革的阶段划分，主要依据的是国家层面具有标志性的课程与教学政策文件的颁布与实施。当代中国课程与教学的变革，也是在国家顶层设计的规划与指导下展开的。"自上而下"是当代中国课程与教学变革的基本运行机制与实施策略。值得注意的是，与改革开放之前的课程与教学历史比较，当代中国课程与教学呈现出日益"地方化"的趋势。

"地方化"包括两个层面。一是国家的"放权"。"国家、地方、学校三级课程管理体制"，政策性地赋予了地方与学校一定的课程权力，推动了当代中国课程教学的深刻变革；其中校本课程的开发与开设方兴未艾，取得了丰硕的成果，为学生全面而有个性的发展提供了更多的课程机会。地方-学校课程来自"自上而下"的课程权力分配，但其一俟展开，必然以"地方化"的身份与职能"自下而上"地参与到课程权力运行中。"国家课程校本化实施"已经成为普遍议题和广泛实践，并取得了一系列教学成效和教研成果，这是值得重视和期待的课程教学现象。综合实践活动课程的设置，是"构建符合素质教育要求的新的基础教育课程体系"的重大举措。综合实践活动课程，在理论与实践中存在着到底属于国家课程还是属于校本课程的争议，这本身就说明这一课程形态兼具"自上而下"与"自下而上"的属性，具有独特的课程机制、课程功能，所以有学者认为它"横跨三级课程，属于国家指定、地方管理、校本开发的课程"[①]。

"地方化"的第二个层面是，地方、民间的课程空间大量存在并不断扩大，来自于此的课程与教学思想、智慧和经验在自我激励与相互感染的同时，也与国家教育政策和课程政策相呼相应，互动互补。1979年前后，中国科学院心理研究所和上海育才学校等率先举起教改实验的大旗。到1985年前后，教学实验领域形成了众多流派与类型。众多的教学实验，虽然值得斟酌的地方不少，但总体上求新求变求突破，天生具有改革的禀赋，从而真实地呼应着课程改革。综合课程设置是新课程改革的亮点。早在1986年，东北师范大学附属中学就开始进行"初中综合课程设置和综合教学的研究实验"。浙江省1988年启动综合课程改革，1993年开始在全省初中阶段开设综合理科，成为初中科学课程标准

---

① 张春玲. 基于学生学习方式转变的研究型课程. 全球教育展望，2002（7）.

研制的主要实践资源。作为新课程改革核心的"素质教育"思想的产生与提出，也是"自上而下"与"自下而上"互动的成果。"素质教育"的概念第一次在国家文件中出现是在 1994 年。"素质教育"在"民间"一直就是不断实践和研究的主题之一。仅就公开发表的文章来看，20 世纪 80 年代后期陆续开始有专题讨论，到 1994 年，出现了数以百计的专题文章。"自上而下"与"自下而上"相呼相应、互动互补，既是当代中国课程与教学改革与发展的良好的生态环境，也是国家课程决策民主化、科学化、专业化的重要保障。

（五）教学方法与学习方式发生深刻变革

《改革纲要》要求："改变课程实施过于强调接受学习、死记硬背、机械训练的现状，倡导学生主动参与、乐于探究、勤于动手，培养学生搜集和处理信息的能力、获取新知识的能力、分析和解决问题的能力以及交流与合作的能力。"确立了以自主、合作、探究为核心理念，以自主学习、合作学习、探究学习等为具体形式的学习方式。当代中国课程与教学，尤其是新课程改革以来，教学方法与学习方式发生了深刻的变革。在这个深刻变革的过程中，有两种带有趋势性的现象值得重视，可以视为当代中国课程与教学改革发展的重要成就。

第一，初步改变了重视教而轻视学，即关注教师如何施教较多，关注学生如何学习较少的现象，教法和学法渐趋融合统一，体现了"教是为了学"的原则。"教是为了学"，突破了传统教学法以教师为中心、以课堂为中心、以教材为中心的体系，回归到以学生发展为中心，乃是"育人为本"思想的实践逻辑的具体体现。《改革纲要》要求教师"改革教学方法"，主张教师在教学过程中"应与学生积极互动、共同发展，要处理好传授知识与培养能力的关系，注重培养学生的独立性和自主性，引导学生质疑、调查、探究，在实践中学习，促进学生在教师指导下主动地、富有个性地学习"。各科课程标准更多将学生的学习活动作为设计的重心，强调教学要围绕学生的学、为了学生的学展开。20 世纪 90 年代就有学者指出："教法，在理论上，应当走出孑然独立于学法之外的封闭王国，步出只与教材联姻的世袭领地。我们应当自觉地还教法以学法的生命……"[1] 这一理论诉求和实践期待，在此后尤其是新课程改革以来，日渐成为教育教学领域的基本面，构成了当代中国课程与教学的显著特征。

第二，"课程（论）"与"教学（论）"之间发生着前者兴起后者回落的现象。改革开放以来，教学论勃兴，在学科建设上取得了显著成绩；各种教学实

---

[1] 李秉德. 教学论. 北京：人民教育出版社，1991：193.

验纷纷兴起，为新课程改革打下了很好的基础。与此同时，"课程（论）"的意识日趋深厚，并渐有成果和成绩，新课程改革以来形成了大讨论、大发展、大繁荣之势。以教学法为核心的教学论有操作性的技术主义倾向，各种教学实验有功效性的工具论倾向。新课程改革，更多从课程的立场和视野来关注和实践教学和学习，从而超越学科中心主义，为课程改革打开了新的视界。"大教学小课程"转向"大课程小教学"，"课程建设"不断统摄着教育教学实验。课程意识、课程能力、课程文化等等成为当代中国课程与教学的理论视点和实践议题。

教学方法与学习方式的转变，标志着新的知识观、新的教学观、新的课程观和新的教育观的形成，正在改变着学生与知识、教师、生活、世界的关系。教学方法与学习方式的转变，体现了"课程"取向的深度。正是这样的教学方法与学习方式的变革，带来了学习的革命和课堂的革命。"课改"的成就直接体现为"改课"的成绩，"课堂不一样了"成为人们普遍的印象。"课堂不一样了"的核心在"学生学习的主体性"。具体体现在：课堂教学的内容不一样了，"校本""学本""选课"成为熟知的概念和广泛的实践；课堂教学的形态不一样了，教学的时间与空间以及组织形式发生着结构性的变化。这一类事例，不胜枚举。2014年2月27日教育部新闻发布会介绍北京市十一学校教育改革典型经验。十一学校自2009年开始转型性变革的实践，探索了分层教学、走班选课、取消行政班、设立学科教室、实施导师制、学生自主管理等一系列改革举措。学校以提供选择性的课程为起点，从价值选择到教学组织形式、从课程结构到管理制度、从教学方式方法到学校组织文化等进行全方位转变，努力构建新型育人模式，创造适合每一个学生发展的教育。这深刻反映了教学方法与学习方式变革的成就，并且这一变革显著地体现了"课程"的品格和取向。

（六）教师专业发展业已形成长效机制并取得显著成效

"教育大计，教师为本。有好的教师，才有好的教育。"改革开放以来，中国中小学教师队伍建设取得了巨大成就。教师教育方面，以现有师范院校为主体、其他高等学校共同参与、培养培训相衔接的开放的教师教育体系基本形成；教师教育层次显著提高，学历结构不断优化。制度建设方面，1986年以来，职务制度、聘任制度、教师资格制度三大任用制度日趋完善；1993年颁布的《教师法》标志着教师队伍建设步入法律轨道；2012年，《小学教师专业标准（试行）》《中学教师专业标准（试行）》印发，引导教师专业发展的标准体系基本完备。教师培训方面，1986年，《关于加强在职中小学教师培训工作的意见》颁布以来，教师培训日渐成为教师队伍建设的最重要的途径之一。1999年教育部颁布《中小学教师继续教育规定》，标志着我国中小学教师培训工作全面展开。2010年教育部、财政部启动实施"中小学教师国家级培训计划"（一般简称"国培计划"）。2011年《教育部关于大力加强中小学教师培训工作的意见》印发。在"国培计划"的示范引领下，全国教师培训工作整体进入大改革、大发展、大提高的阶段，取得了巨大成就。2012年《国务院关于加强教师队伍建设的意见》《教育部 国家发展改革委 财政部关于深化教师教育改革的意见》对深入实施科教兴国战略和人才强国战略、进一步加强教师队伍建设具有重大意义。2013年《教育部关于深化中小学教师培训模式改革 全面提升培训质量的指导意见》提出建立培训学分认证制度和教师培训学分银行，实现教师非学历培训与学历教育学分互认。2016年《教育部关于大力推行中小学教师培训学分管理的指导意见》印发，这是"十三五"时期加强中小学教师培训长效机制建设、切实提高教师培训针对性和实效性的重要举措。2019年《教育部关于实施全国中小学教师信息技术应用能力提升工程2.0的意见》发布，着力推动全国中小学教师（含幼儿园、普通中小学、中等职业学校）提升信息技术应用能力。《意见》突出以学校信息化教育教学改革发展引领教师信息技术应用能力培训，通过示范项目带动各地开展教师信息技术应用能力培训，基本实现校长信息化领导力、教师信息化教学能力、培训团队信息化指导能力显著提升，全面促进信息技术与教育教学融合创新发展。

新课程改革伊始，《改革纲要》就专列"教师培训"提出要求。2004年《教育部关于进一步加强基础教育新课程师资培训工作的指导意见》明确提出"先培训，后上岗；不培训，不上岗"的原则，并要求"展开全员教师培训"。新课程改革以来，各级各类培训，特别是"国培计划"，提升了中小学教师队伍的整体素质和专业化水平，全面而有力地推进了新课程改革。需要提及的是，因为教材多样化政策，教材出版成为竞争性业务，教材出版机构普遍重视教材培训工作；各级政府和教研部门也十分重视教材出版机构的培训服务，将之纳入统一规划管理的培训工作体系中；教材出版机构的教材培训，着力课程教材教学，年复一年，滚动循环，对教师队伍建设和专业化发展做出了重要贡献。

在各级各类教师培训工作推进过程中，培训制度日趋完善，培训机制、培训模式更加丰富，基于网络的远程培训以及课程资源开发得到极大发展，特别是"建立和完善校本研修制度"成为培训工作的重心。促进校本研修与教研活动相结合，远程教育与校本研修相结合，理论学习与教学实践相结合，将教师培训与教师的具体教学实践和日常教育生活结合起来，符合新课程改革对教师课程意识、课程能力、课程权力和课程文化形成和提升的迫切需要，对促进教师观念转变、知识转型、能力转轨,提高教师职业化程度和专业化水平,培养面向未来的新型教师正发挥着日益重要的作用。新课程改革与教师专业化发展相互要求、相互促进、共同进步、共同成长,构成了当代中国课程与教学变革发展的显著特征之一。

三、课程与教学改革与发展的趋势

中国教育改革已经进入深水区、攻坚期,许多系统性问题、深层次矛盾、关键性难题,成为进一步推进和深化改革必须要直面解决的时代命题,靠原来的单项改革办法或局部突破套路已难以奏效。《教育部关于 2013 年深化教育领域综合改革的意见》对深化教育领域综合改革做出了具体部署。

课程与教学领域的改革发展,必须按照深化教育领域综合改革的要求,用普遍联系观点设计改革,用统筹兼顾办法推进改革,进一步增强改革的系统性、整体性、协同性。生态位,是指一个种群在生态系统中可持续生存的最小环境。就新课程改革来说,其可持续发展的最小环境,主要指它在以高考改革为矛盾主要方面的小生态中所占据的位置以及它与相关要素之间的功能关系与作用。毋庸讳言,素质教育仍然处在应试教育的压力下。实施素质教育、推进课程改革,高考改革势在必行。《教育部关于 2013 年深化教育领域综合改革的意见》提出:"推进考试招生制度改革。研究制定高考改革的总体目标和基本框架。推进普通本科与高职教育分类考试。""深化高校自主选拔录取改革试点;完善高校招生考试综合评价改革试点。""深化高校自主选拔录取改革试点",是高考改革的重点之一。政策要求自主招生高校要"结合办学目标和专业特色"(《教育部关于做好 2008 年普通高等学校招生工作的通知》),积极探索多元化评价方法,"着力完善高校自身的综合评价体系"(《教育部办公厅关于做好 2012 年高等学校自主选拔录取试点工作的通知》)。只有招生的需求个性化、标准多样化,综合素质评价才有可能发挥自己独特的优势,从而大大缓解以分数为核心的应试教育的压力,为素质教育减压。教育部已完成有关考试招生改革总体方案的制订,高考改革的基本框架设计为技能型和学术型两类人才、两种模式并行。一方面,科学合理分流,将大大削弱单一高考制度对基础教育课程与教学的影响力;另一方面,也会极大推进职业教育取得全面发展,促进中等职业教育真正成为与普通高中教育地位对等、影响比肩的重要的教育类型,职业教育真正成为学生和家长愿意选择、值得选择的高中教育类型。职业教育因其自身优势,人才培养模式更加丰富,不宜主要依赖于传统课堂形式、书本学习方式和纸笔测试手段，更加需要责任意识和实践能力等综合素质，将对基础教育课程与教学产生直接影响。可以期待，以高考改革为关键的课程与教学领域的综合改革不断推进和深化，新世纪基础教育课程改革必将全面进入新阶段，"以人为本，全面实施素质教育"必将成为当代中国课程与教学的普遍而真实的价值追求、实践原则和基本面貌。

第七章
基础教育改革实验

一、基础教育分科课程实验的发展阶段

二、基础教育教学改革实验的发展

三、基础教育单项主题实验的发展

四、基础教育综合改革实验的发展

五、基础教育实验改革发展的特点与趋势

中国教育发展当前面临的许多问题，都可以在历史和现实中找到答案。或者说，已经发生或正在发生的各类教育实验，无论其成效如何，都应该成为当前教育改革与发展的财富。需要警惕的是，历史和现实固然有其积极的一面，但其中总是混杂着不少被歪曲、被遮蔽了的内容。历史和现实是一个巨大的迷宫，有许多事情见仁见智，或许，对中国教育实验的历史和现实知之不全或知之不深，是当前"大家都很焦虑"的一个重要原因。教育实验具有不同的层次和类型，根据主题、内容和组织形式的不同，可以将当代中国基础教育实验大致划分为"分科课程实验""教学改革实验""单项主题实验""综合改革实验"四种类型。

一、基础教育分科课程实验的发展阶段

分科课程，又叫学科课程。分科课程特别重视各门学科知识体系的合理安排，其显著优势在于可以快捷有效地传递系统的学科知识，基础教育阶段的具体学科有语文、数学、外语、物理、化学、生物、地理、历史、政治与品德、体育与健康、劳动技术、综合实践活动以及音乐、美术、艺术等。分科课程实验主要体现在课程标准、教学大纲以及课程思想和教材编写等方面。自从改革开放以来，基于分科课程的教育实验改革可以划分为四个阶段。

（一）第一阶段：1977年至1980年的恢复发展时期

十年"文革"期间，教育是重灾区，一切政治挂帅，课程内容单一。1976年粉碎"四人帮"，1977年教育战线开始拨乱反正。1977年5月24日，邓小平指出："我们要实现现代化，关键是科学技术要能上去。发展科学技术，不抓教育不行。靠空话不能实现现代化，必须有知识，有人才……抓科技必须同时抓教育。从小学抓起，一直到中学、大学。"[①]

1978年，教育部颁发了《全日制十年制中小学教学计划试行草案》和全日制十年制学校中小学各科教学大纲（试行草案）。同年，教育部还颁布了新修订的《全日制中学暂行工作条例（试行草案）》和《全日制小学暂行工作条例（试行草案）》，对课程设置进行了原则性说明。

1978年秋季，小学、初中、高中的起始年级开始启用新中国第五套教材（1980年全部编写完毕）。这是"文革"结束后的第一套全国通用的中小学各科

---

① 邓小平. 邓小平论教育. 北京：人民教育出版社，1995：40.

教材，这套教材注重基础知识的选择、智力的启迪和能力的培养，清除了"文革"时期出版的教材中的许多谬误之处。

总体来看，"文革"结束之后，全国教育几乎处于瘫痪状态，各地中小学学制混乱，课程标准不一，教材五花八门，教育质量不够高。这一时期课程实验的根本意义在于其"过渡性"，即实现课程领域内的拨乱反正，结束当时课程、教材的混乱局面，恢复正常教学秩序和课程教材的"国定制"，教育发展趋于正常化。

（二）第二阶段：1981 年至 1984 年的改革起步时期

1981 年 3 月，根据邓小平"要办重点小学、重点中学、重点大学"的指示精神，教育部颁发了《全日制六年制重点中学教学计划（试行草案）》，并颁发了《全日制五年制小学教学计划（修订草案）》和《全日制五年制中学教学计划（试行草案）》。根据新的教学计划，人民教育出版社组织编写了第六套全国通用中小学教材。其中，小学自然、中学语文和数学教材分别于 1981 年和 1982 年试教。

1983 年 10 月 1 日，邓小平为景山学校题词"教育要面向现代化、面向世界、面向未来"，成为教育改革和教育实验的指导方针，也激发了中小学开展教育实验的热情与愿望，一些在"文革"中停顿的教育实验相继恢复。

1984 年 8 月，教育部颁发了全日制六年制城市小学和农村小学教学计划草案，对数学、外语、自然常识、劳动课程调整分别提出了不同的要求。

总体来看，这一时期的课程实验是在国内国际形势发生了巨大变化，人才竞争激烈，尤其是现有课程设置已跟不上新形势的要求这一背景下发生的。这一时期的亮点在于，各地纷纷试编了各种不同体系的实验课本，探索了课程编制的新方法，使课程设置趋于多样化和灵活化，丰富和发展了课程内容。不足之处在于，实验主要集中在语文、数学等主干学科，实验仅限于经验层次。同时，课程内容开始强化学科知识体系，开始脱离生产、生活实际，脱离儿童身心发展的实际水平。

（三）第三阶段：1985 年至 2000 年的快速发展时期

为了更好地适应经济、政治和文化发展的需要，为了更好地培养社会主义的建设者和接班人，从 1985 年起，国家开始对中小学课程进行有计划、有步骤的改革，整体性地构建基础教育阶段（包括义务教育阶段和高中阶段）的课程新体系。主要有两步：第一步是对中小学教材进行修订和重新编写；第二步是组织力量重新制订义务教育阶段和高中阶段的教学计划、教学大纲，重新编写教材。

1985年1月，教育部颁布《全国中小学教材审定委员会工作条例（试行）》。1986年9月，全国中小学教材审定委员会和各学科教材审查委员会正式成立，聘任了20名审定委员和200多名审查委员。这标志着我国中小学教材由"国定制"转变为"审定制"。1987年10月，国家教委正式发布《全国中小学教材审定委员会工作章程》、《中小学教材审定标准》和《中小学教材送审办法》3个文件。1996年10月，国家教委根据新的需要，修订发布了新的《全国中小学教材审定委员会工作章程》，对审定、审查委员的职责、纪律，教材审定标准、送审程序等做出了规定。

1985年5月27日，《中共中央关于教育体制改革的决定》颁布，明确规定："教育体制改革的根本目的是提高民族素质，多出人才、出好人才。"1986年4月，第六届全国人民代表大会第四次会议通过《中华人民共和国义务教育法》，指出："义务教育事业，在国务院领导下，实行地方负责，分级管理。国务院教育主管部门应当根据社会主义现代化建设的需要和儿童、青少年身心发展的状况，确定义务教育的教学制度、教学内容、课程设置，审订教科书。"这样，基础教育课程的义务教育性质、课程教材多样化以及三级教育管理等都获得了政策与法律依据。

1986年10月，国家教委颁布了《义务教育全日制小学、初级中学教学计划》（初稿），同年，还颁布了全日制小学、初中各科教学大纲。

1988年5月，国家教委颁布《义务教育全日制小学、初级中学教学计划（试行草案）》（包括六三制和五四制两种）和24个学科的教学大纲。该计划体现了义务教育的性质、任务和培养目标，改革了课程结构，调整了各学科比例，增加了课程的灵活性和多样性，成为当时编写义务教育教材的依据。

1988年8月，国家教委颁发了《九年制义务教育教材编写规划方案》，指出要用四五年时间逐步完成四种不同类型教材的编写工作，在统一基本要求、统一审定的前提下逐步实现教材的多样化，以适应各类地区、各类学校的需要。此外，经国家教委批准，允许上海和浙江根据本地区情况，对课程、教材进行较大改革，分别制订教学计划和教学大纲，并编写教材。这是"一纲多本"和"多纲多本"设想的具体化。在这种背景下，人民教育出版社积极顺应形势的发展变化，从1988年起开始研究编写与义务教育教学（课程）计划相配套的九年义务教育六三制和五四制两套新教材，作为国家规划的多样化的义务教育教材的两个系列①。1990年秋，这两套系列化教材同时在小学和初中两个一年级开始进行实验，参加实验的有28个省、区、市，学校3 000多所，首轮实验的小学生约21万人，初中学生约12万人。后经全国中小学教材审定委员会审查通过，于1993年秋被推荐到全国各地学校选用。

1990年3月8日，国家教委印发《现行普通高中教学计划的调整意见》，是对1981年颁发的普通高中教学计划的调整意见。

1992年，国家教委颁布《九年义务教育全日制小学、初级中学课程计划（试行）》，其中，第一次将以往的"教学计划"改为"课程计划"，并且第一次安排"地方课程"。同年，国家教委还颁布了九年义务教育全日制小学、初级中学（各科）教学大纲（试用）②。

1994年11月11日，国家教委举行新闻发布会，宣布减轻中小学生课业负担的方式，要求学校改变"应试教育"模式，严格课时，控制考试。

1996年，国家教委颁布了与九年义务教育课程计划相衔接的《全日制普通高级中学课程计划（试验）》。该课程计划明确提出普通高中课程结构由学科类课程和活动类课程组成，普通高中学科类课程分为必修、限定选修和任意选修三种方式。该课程计划以现代课程理论为指导，建立了以学科类课程为主、活动类课程为辅的课程结构，并按照优化必修课、规范选修课、加强限定选修课的原则建构学科课程体系。

在1996年的《全日制普通高级中学课程计划（试验）》中，首次将"课程管理"作为课程计划中的一个独立部分，规定"普通高中课程"由中央、地方、学校三级管理。到1999年，《面向21世纪教育振兴行动计划》（教育部1998年12月24日制订，国务院1999年1月13日批转）进一步规范了课程管理，明确了三级课程管理制度。从此，国家课程、地方课程、校本课程以及活动课程、研究性学习等名词开始成为基础教育改革话语中的关键词。

1999年6月，《中共中央 国务院关于深化教育改革全面推进素质教育的决定》第二部分第十四条规定："调整和改革课程体系、结构、内容，建立新的基础教育课程体系，试行国家课程、地方课程和学校课程。"

---

① 作为专门研制、编写全国统一教材的专业机构，人民教育出版社自1950年建社到1988年，根据教育部发布的历次课程（教学）计划，受教育部委托，先后主持或参与主持编订了历次中小学各科教学大纲，编写、出版了7套面向全国中小学的各科教材。

② 1985年前，我国基础课程教材建设，采取的基本上是国家统一管理的单一模式，全国实行统一的教学计划、教学大纲和教材。随着国家经济文化的发展，这种模式已经不适应实际需要。在国家教委1992年颁布的《九年义务教育全日制小学、初级中学课程计划（试行）》中，首次提出了"国家安排课程"和"地方安排课程"，实现了新中国成立以来课程管理政策的较大突破。

2000年1月，教育部颁发《全日制普通高级中学课程计划（试验修订稿）》。该课程计划在1996年课程计划的基础上强化了课程结构的多样性，并在必修课中实际地增加了"综合实践活动"，活动类课程主要包括校会、班会、社会实践、体育锻炼、科技、艺术活动等，在选修课中加大了地方和学校的作用。

从1985年到2000年，这一时期教育改革的主题是由应试教育向素质教育转变，素质教育成为基础教育改革的主题词，改革围绕着课程结构、教学内容、教学方式等不同层面展开，特别强调的是培养学生分析问题和解决问题的能力，特别重视的是学生的创新精神和实践能力。其中，这一时期的后五年，开始酝酿和准备新一轮的基础教育课程改革，大致可以划分为"新课程理想的萌芽及其酝酿阶段（1996—1998年）"和"新课程改革文本的研制、出台与实验准备阶段（1999—2001年）"两个阶段。1996—1997年，关于九年义务教育课程实施状况的调查结果显示，"现行基础教育课程体系"在课程目标、内容、结构、实施、评价、管理等方面存在着很多问题。正是这些问题构成了新一轮课程改革的主要内容。

理性的课程变革应该是一个渐进的过程，应该是一个继承与革新并存的过程。真正有效的课程实验应该能够整合社会各个方面的力量，应该能够在钟摆和波动中不断地获得平衡。就2000年之前的课程改革而言，"大跃进"和"文革"期间，学校课程实验处于低谷，严重影响了我国教育的健康发展。在改革开放以前，我国课程编制一直沿用的是苏联模式，作为政府文件的"教学计划""教学大纲"具有很强的理论权威性和行政指令性，而"教科书""教学参考书"则是这两个文件的大众化、具体化和操作化。相比较而言，《中华人民共和国义务教育法》颁布后的课程改革所取得的成就比较明显，形成了我国基础教育课程体系的基本框架。其主要成就可以简单概括为三点：一是初步改变了多年来只有必修课的模式，增加了"选修课""活动课"；二是引入了地方课程，初步改变了国家对课程管理过于集中的状况，初步走向了教材多样化；三是在教育教学实践中涌现出一批重视学生参与和主动学习的教改典型。这些成就无疑为"新课程改革"奠定了一定的思想基础，并提供了较为丰富的可资借鉴的实践经验。

（四）第四阶段：2001年以来的深度变革时期

以2001年教育部印发《基础教育课程改革纲要（试行）》为标志，我国开始了新一轮基础教育课程改革，即学界所普遍认同的新中国成立以来的第八轮基础教育课程改革，简称"新课程改革"。由于各级政府自上而下大力推动，社会各界广泛参与，这轮以构建符合素质教育所要求的"新的基础教育课程体系"为根本目的的课程改革，成为21世纪第一个十年里基础教育领域备受关注的重大事件。

在很多时候，人们往往认为"新课程改革"启动于1999年。实际上，1999年只是开始从专家层面和组织机构上做准备。具体工作程序是2000年1月至6月通过申报、评审，成立各学科课程标准研制组；2000年7月至2001年2月，各研制组在专题研究的基础上形成了课程标准初稿；2001年3月，教育部基础教育司在9个地区向广大教育工作者和专家学者征求意见，进一步修改各学科课程标准；2001年6月，教育部颁布《基础教育课程改革纲要（试行）》，9月，新课程真正进入国家基础教育课程改革实验区。

在比较宽泛的意义上，可以将"新课程改革"视为我国基础教育面向世界、面向现代化、面向未来的重大举措，它隶属于《面向21世纪教育振兴行动计划》中的"跨世纪素质教育工程"。但更为细致的政策分析表明，先后出台的"两决定一纲要"才是"十年课改"的根本依据。这里的"两决定"是指《中共中央 国务院关于深化教育改革全面推进素质教育的决定》和《国务院关于基础教育改革与发展的决定》，"一纲要"是指《基础教育课程改革纲要（试行）》。之所以如此判断，是因为"两决定一纲要"不但高瞻远瞩、连贯一致地描绘了课改的时代背景（含历史条件和现实要求两个方面），标示了课改的必要性、迫切性，而且确立了改革的方向、策略和原则等。为了印证"两决定一纲要"的内在逻辑，限于篇幅，特将三者的前言性文字引述如下：

《中共中央 国务院关于深化教育改革全面推进素质教育的决定》指出："新中国成立50年来特别是改革开放以来，教育事业的改革与发展取得了令人瞩目的巨大成就。但面对新的形势，由于主观和客观等方面的原因，我们的教育观念、教育体制、教育结构、人才培养模式、教育内容和教学方法相对滞后，影响了青少年的全面发展，不能适应提高国民素质的需要。全党、全社会必须从我国社会主义事业兴旺发达和中华民族伟大复兴的大局出发，以邓小平理论为指导，全面贯彻落实党的十五大精神，深化教育改革，全面推进素质教育，构建一个充满生机的有中国特色社会主义教育体系，为实施科教兴国战略奠定坚实的人才和知识基础。"

《国务院关于基础教育改革与发展的决定》指出："改革开放以来，我国基础教育取得了辉煌成就。基本普及九年义务教育和基本扫除青壮年文盲（简称'两基'）的目标初步实现，素质教育全面推进。但我国基础教育总体水平还不高，发展不平衡，一些地方对基础教育重视不够。进入新世纪，基础教育面临着新的挑战，改革与发展的任务仍十分艰巨。"

《基础教育课程改革纲要（试行）》指出："改革开放以来，我国基础教育取得了辉煌成就，基础教育课程建设也取得了显著成绩。但是，我国基础教育总体水平还不高，原有的基础教育课程已不能完全适应时代发展的需要。为贯彻《中共中央 国务院关于深化教育改革全面推进素质教育的决定》和《国务院关于基础教育改革与发展的决定》，教育部决定，大力推进基础教育课程改革，调整和改革基础教育的课程体系、结构、内容，构建符合素质教育要求的新的基础教育课程体系。"

可见，"新课程改革"具有其特定的历史坐标和政策依据，而"两决定一纲要"的统领价值在于，明确地阐释了政府选择与推动课程改革的原因、前提和基础，尤其是课改的外部驱动和内在要求问题。其中，"纲要"成为指导课改的具体文本，具有政策合法性和理论权威性，因为它从课程目标、课程结构、课程标准、教学过程、教材开发与管理、课程评价、课程管理、教师的培养和培训、课程改革的组织与实施等九个方面对课改进行了整体规划和行动框架的设定。事实证明，无论是实践探索还是理论研究，不认真研读"纲要"，便无法理解"新课程改革"的目标、内容与相关举措，关于课改的各种评价与争论，也往往因为缺少基本尺度而陷入盲人摸象的尴尬境地。

同时，"两决定一纲要"对于宏观社会背景和微观教育发展状况的描述，以及三者出台的顺序、方式表明，由倡导素质教育到启动课程改革，高度重视国家利益和教育的基本价值，具有高度权威性。事实上，"新课程改革"一直离不开各级政府部门的广泛参与和大力支持，其中，各级政策文件包括各类改革方案的贯彻与落实对于课改进程具有举足轻重的作用。可以说，"新课程改革"的基本精神主要是通过这种行政模式而得以传达和落实的。另外，从本次课改的支持系统来看，各级政府都比较重视以课改为抓手来推动教师资格制度、职务聘任制度、教学奖励制度以及教师进修培训制度等方面的改革，且都制定和颁布了一系列的相关政策。

当然，除了"两决定一纲要"之外，2010年颁布的《国家中长期教育改革和发展规划纲要（2010—2020年）》，尤其2014年颁布的《教育部关于全面深化课程改革落实立德树人根本任务的意见》，为课程改革提供了比较明确的行动思路和工作目标。就行动思路而言，《意见》强调，应在突出大课改、大教育理念的前提下，加强统筹规划、加强顶层设计、加强关键领域和主要环节的改革。就工作目标而言，主要有三个方面：一是基本建成高校、中小学各学段上下贯通、有机衔接、相互协调、科学合理的课程教材体系；二是基本确立教育教学主要环节相互配套、协调一致的人才培养体制；三是基本形成多方参与、齐心协力、互相配合的育人工作格局。2018年全国教育大会对如何推进教育领域的改革做了明确要求，就基础教育而言要进一步丰富教育载体，丰富教育内涵，从源头上把握好教材的意识形态导向。而这一切的关键环节在于加快研究制定学生的核心素养体系和学业质量标准，并确保各级各类学校能够从实际情况和学生特点出发，把核心素养和学业质量要求落实到各门学科的教学中去。

二、基础教育教学改革实验的发展

教学是学校工作的中心，是基础教育的中心，是基础教育改革话题的中心。深化教学改革，突出学生创新精神和实践能力的培养，是基础教育改革的核心内容。整体来看，强化实践环节，积极推行自主学习、合作学习和研究性学习，切实改变"填鸭式""保姆式""强迫式"等教学方式，一直是我国中小学教学改革的重要任务。

教学改革是创新教育和完善教育的必要手段。大量调查表明，从改革开放到进入21世纪，我国中小学教学改革确实取得了很大进步。2003年，《国家级课程改革实验区教学改革调研报告》（《教育研究》2003年第11期）指出，中小学教学改革在很大程度上促进了学生的自主学习能力，提高了学生的综合素质，主要表现在五个方面：(1) 小学低年级学生的识字量明显增加了。学生不仅从书本中识字，也从生活中、从各种学习资源中识字，并初步养成了主动识字的习惯。(2) 收集和处理信息的能力提高了。围绕一篇课文或一个主题，学生会收集到相关的各种各样的资料。学习拓展、延伸到社会生活、科学世界和网络世界的各个角落。(3) 交流和表达能力提高了。中小学普遍提倡合作学习，鼓励学生在交流研讨活动中学习，鼓励学生发表自己独特的见解和真实的感受。(4) 质疑、创新能力提高了。中小学普遍提倡探究学习，鼓励学生在探究、发现活动中学习，从而把学习过程之中的发现、探究、研究等认识活动凸显出来，使学习过程成为学生思考、质疑、发现、求证的过程。(5) 动手实践能力提高了。中小学不仅专门开设了让学生动手实践的课程——综合实践活动，而且在每门课程与教学中都积极创造条件，尽量给予学生实践机会，让学生亲自动手、亲身体验。

在《中小学教学改革30年进程、成就与经验》（《基础教育课程》2009年第1~2期合刊）一文中，田慧生、于泽元认为，从改革开放以来，我国的教学改革大体上可以划分为三个阶段：第一阶段从1978年到20世纪80年代末，主要是建立教学秩序，着重效能提升；第二阶段从 20 世纪 80 年代末至 2001 年，转向素质教育，关注主体发展；第三阶段从 2001 年至 2009 年，主要是推进课程改革，突出以人为本。他们认为，30 多年来的教学改革，不仅全面提升了教学质量，推动了我国教育事业的快速发展，而且强化了科研意识，培养了大批优秀教师，具体成就有：（1）深入探索教学规律，涌现了大批教学改革成果。其中，在教育理念和教学思想方面，现代教育理论与中国传统文化精华相结合，主体性发展、关注生命价值、以人为本、以学定教、回归生活世界等认识在教学改革过程中被发掘出来，并在全国教育教学领域产生了重大影响。在具体教学模式方面，自学辅导教学模式、情境教学模式、尝试教学模式、活动教学模式、发展性教学模式、目标教学模式、自主教学模式等，都由最初的教学改革尝试生长为系统化的教学模式，使中小学课堂教学有规律可循。（2）不断更新教育观念，切实推进教学方式变革。其中，在改革开放之初，大多数教学改革都是以提升学习效率、强化"双基"为目标，改革成效评价也以是否提升学生的学习成绩为标准，如何让学生更好地接受是当时改革的重要方向。随着教育观念的改变，教学改革逐步由教师的"教"转向学生的"学"。"学导式教学法""六步教学法""以学生为主体，以教师为主导，以训练为主线"等方法，对于提升学生能力和智力都有很大帮助。随着素质教育的提出，人们开始关注教学方式对于学生主体性品质、创新精神和实践能力的培养，一些大型的教学改革实验正是着眼于这些素质的提高，来改革教学方式。随着新课程改革的推出，教学方式也发生了重要的变革，"自主、合作、探究"得以提倡和广泛实践。

正如刘宇、张华在《中国课程与教学改革三十年的回顾与展望》（《上海教育科研》2008 年第 10 期）一文中所说，中国课程与教学改革，按其现实动因和核心追求的变化，经历了从高质量到走向大众的发展历程，其间既保持了历史的延续性，不断拓展加深，在改革模式上也日趋科学合理，迄今已基本确立起了符合时代发展、社会发展和教育发展需要的我国课程与教学的方向性架构，而推进课程与教学改革的校本化、特色化实施是未来课程与教学改革的核心课题，这一课题的完成需要我们变革思维方式，发挥变革的协同效应，形成变革的实践性讨论等。在《教学的实践变革与理论重建：30 年再回首》（《课程·教材·教法》2010 年第 9 期）一文中，杨小微强调，我国中小学教学改革在其演进的不同阶段有不同的取向与特征，首先出现的是以效率为取向的局部或散点式教学改革，继而开始了追求科学化的教学实验探索，教学改革从重视知识、技能到重视兴趣、情感等非智力因素，而后进入新课程提倡的"三维目标"，最后在学校变革的整体思路下，关注学科教学的多重育人价值。他认为，教学改革带来了理念的变化和理论的生长，主要表现为教学概念的梳理与重建、教学价值观的拓展与融通、教学过程理论上强调互动与生成、教学评价观上关注过程与关注结果并重。他还认为，就教学改革与教学理论的发展而言，将从终身学习与发展的视角认识教学的奠基意义，"基于教学研究课程"则用以应对课程论发展的挑战，寻求教学研究思路和方法论上的更新、突破，以适应未来社会中教育实践的新要求。

总体来看，教学改革实验与一线教师的关系最为直接和紧密，无论是政府推动、专家引领，还是学校自发，教学实验的发生地只能是学校和课堂。改革开放以来，我国中小学教学改革从理论到实践、从目标到内容、从决策到实施、从过程到方法都取得了较大进步，其中有较大影响的中小学教学实验改革有：北京市景山学校的教学实验、北京市十一学校的教学实验、上海市育才中学的教学实验、江苏省洋思中学的教学实验、江苏省东庐中学的教学实验、江西省宁达中学的教学实验、河北省衡水中学的教学实验、辽宁省凤城六中的教学实验、辽宁省滨海实验中学的教学实验、山东省兖州一中的教学实验、山东省昌乐二中的教学实验、山东省杜郎口中学的教学实验、山东省教科所主持的"目标教学"实验、湖北大学黎世法主持的"异步教学法"实验、福建师大余文森主持的"指导-自主学习"实验、北京师大冯忠良主持的"结构-定向教学"实验。其中，方兴未艾且在基础教育领域产生重大影响的教学实验，来自北京十一学校和山东杜郎口中学。十一学校围绕学生课程选择权的实现，以每一位学生的个性发展、自主发展为价值追求，以课程变革为抓手，构建了一套丰富多样的分层、分类、综合特需课程体系，使学生的课程选择成为可能；选课走班制的深入实施，带动了学校管理制度的全面重建，实现了学生课程选择权的真正落地，从而使可供学生选择的普通高中学校课程体系形成一个完整的系统。在十一学校，行政班教室转变为学科教室，学生没有固定的教室，没有固定的课桌，以教学班为基本单位进行集体授课，学生处在各种教育力量的相互作用和影响之中。至于杜郎口中学，课改的精髓体现在最大限度地把课堂还给了学生。杜郎口中学主张能让学生学会的课才是好课，以学生的"学"来评价教师的"教"，课堂必须体现出"生命的狂欢"。杜郎口中学认为一节好课就是教师少讲甚至不讲，或者说，评价一节课好差的标准，不在于教师讲得多么好，关键要看学生，看学生是否大面积地动起来，看学生的动是否在主动的状态下进行，看学生的活动是否生成了新的发展。杜郎口模式有时被称为"高效课堂模式"，也有人形容杜郎口中学的课堂是"知识的超市"。

三、基础教育单项主题实验的发展

任何教育实验和教育改革都应该拥有明确的主题，但主题与主题不同，有些主题只与教育系统的某一部分或少数因素发生关联，而有些主题则会牵涉到整个教育系统，从多个维度与教育整体发生关联，甚至实验主题本身就是教育的根本性问题，直接影响到教育的整体发展。我们常常将前者称为"单因素实验"或"单项主题实验"，而把后者称为"多因素实验"或"综合改革实验"。由此可见，无论是分科课程实验还是教学改革实验，都可以划归为单项主题实验。

一般而言，单项主题实验是从当下需求出发而开展的一些微观的、小规模的或能够立竿见影的局部实验，因而比较看重的是实验的时效性、灵活性和可操作性。首先，一个好校长就是一所好学校，单项主题实验可能是由校长牵头开展的学校层面的实验。近些年来，在校长负责制、教师聘任制、岗位责任制、绩效工资制等制度性变革的基础上，一些有理想、有抱负的中小学校长，在校本教研和学校文化建设方面确实取得了不少成效，赢得了很好的社会声望。

其次，一线教师是教育实验的主力军，单项主题实验也可能是由广大教师在班级管理和课程、教材、教法层面开展的实验。传统观点认为，一线教师多按指令行事，只管低头拉车，很少抬头看路，但教育工作是一种"良心活"，从根本上说，教育实验和教育改革的种种愿景都需要依赖一线教师来实现，他们的专业素养和创造性实践，直接决定着教育活动的实际成效。大量实践证明，中小学教师对待教育实验的态度、热情以及参与程度，直接决定着各级各类教育实验的实际成效。改革开放以来，尤其是近十几年来，有一大批中小学教师在班级管理创新和课程与教学改革方面取得了丰硕的成果。

再次，单项主题实验也可能是由学生自主开展的班级、社团以及学习方式层面的改革实验。在网络信息时代，学生对于课程和学习本质的认识，尤其是对教育之于生命发展和人生幸福的意义的深刻理解，必然引发其在学习态度、学习内容和学习方式上的各种实验与变革。这主要表现为对于死记硬背、题海战术的痛恨，对于填鸭式、保姆式教学的厌倦，以及对于自主学习、研究型学习和社会实践活动的极大兴趣。仅以校园网为载体的教育实验而言，有很多中小学都在营造开放式学习环境，在整合网络教育资源方面进行了积极探索。

最后，单项主题实验也可能是由家庭与学校互动开展的变革性实验。众所周知，每个家庭都十分看重子女的教育和成长，家庭在基础教育实验改革中的作用不可忽视。近些年来，越来越多的教育工作者认识到，通过学校教育来引导家庭教育，发挥家庭教育的优势来弥补学校教育的不足，从而使家庭教育更好地支持学校教育，是教育创新的一个重要途径。必须承认，"现代私塾"兴起，各种夏令营、冬令营、兴趣班火爆，尤其是越来越多的中小学生出国上学（游学），所反映的已不仅仅是教育市场问题，而是学校的办学水平、改革思路和发展方向问题。近些年来，除了举办一些以弘扬我国优秀传统文化为主题的实验学校外，有不少地区在国际学校、国际课程和国际教育方面进行了积极探索。

以上主要是以中小学校长、一线教师、中小学生以及学生父母等不同实验主体为视角，介绍了单项主题实验的基本概况。需要强调的是，改革开放以来，各级教育行政部门、高校教师以及各级教育科研部门的专家学者也组织开展了各种各样的单项主题实验。改革开放以来，基础教育领域比较有影响的单项主题实验有女童教育实验，超常儿童教育实验，科学世界观教育实验，志向、理想教育实验，个性、人格教育实验，青春期教育实验，小班化教育实验，中小学学制实验，初、高中教育分流实验，环境教育实验和社区教育实验。这些实验都不再是课程和教学层面的一般问题，而主要是围绕着儿童身心特点、中小学教育制度和教育的价值取向等问题而开展的一些比较有影响的专项教改实验。

四、基础教育综合改革实验的发展

自 20 世纪 70 年代以来，在对以前的单科、单项教育实验改革进行反思的基础上，人们越来越清楚地认识到教育实验的综合性、整体性特征，越来越多的教育科研工作者开始从系统科学的角度考虑中小学实验改革问题。在 20 世纪 80 年代，刘佛年先生指出："人是一个整体，他的德、智、体几方面和知、情、意等心理特征是作为相互连接的整体而存在和发展的。影响人的发展的外部因素也是一个整体，其整体的教育功能决不等于各部分功能的简单相加。怎样使教育的各个方面组成一个比较协调一致的整体结构，高效率地培养学生呢？这需要由综合的整体实验来研究和回答。"①

总体看来，综合改革实验都比较注意不同学科之间、部分与整体之间的联系，都比较强调多项教育改革之间的相互渗透、相互配合，都基本认同教育实

---

① 华东师范大学小学综合实验组. 未来小学教育探索：低年级教育实验报告集. 上海：华东师范大学出版社，1986：1-2.

验改革应该是一个协调的、统一的整体。同时，综合改革实验的规模往往都比较大，且往往与教育行政部门的整体决策有关。在具体操作过程中，综合改革实验往往由教育行政部门直接规划、资助经费、分层领导，并大都通过行政手段任命或推选教育专家或专家团队开展工作。在具体实施过程中，相关部门和实际工作者往往无条件落实和执行相关政策和具体方案，因而呈现出明显的自上而下的特征。同时，综合改革实验的研究领域往往比较宏观，具有明显的基础性和长期性特征。就此而言，我国 2001 年以来的"新课程改革"（全称为"国家基础教育新课程的研究、实验与推广"）是最典型的例证。

众所周知，国家性、政治性、阶级性属于教育的重要属性，而正是这些属性内在地规定了综合改革实验的行政化特征。改革开放 40 多年，从舆论层面上看，受到普遍关注的综合改革实验主要有义务教育、民办教育、教育公平、农村教育、弱势群体教育、教师教育以及课程改革等比较宏观的问题。可以说，其中每一项实验改革都带有明显的行政化特征，而且如果离开政府的顶层设计和大力推动的话，都很难取得实质性进展。

除了直接的行政权力和经济手段外，教育法规和相关政策文件自然是综合改革实验的根据和依托。就教育法规而言，改革开放以来，我国不但颁布了《义务教育法》《未成年人保护法》《教师法》《教育法》《预防未成年人犯罪法》《民办教育促进法》等法律，而且出台了《扫除文盲工作条例》《幼儿园管理条例》《学校卫生工作条例》《学校体育工作条例》《教学成果奖励条例》《教师资格条例》《禁止使用童工规定》等行政法规，它们基本构成了我国基础教育的法规体系，也基本设定了综合教育实验改革的法制框架。就比较重要的教育政策文件而言，先后颁布了《中共中央关于教育体制改革的决定》《中国教育改革和发展纲要》《中共中央 国务院关于深化教育改革全面推进素质教育的决定》《国家中长期教育改革和发展规划纲要（2010—2020 年)》等。相关文件以及各种实施意见，分别从不同维度阐释了不同时期基础教育实验改革的战略主题和指导思想。

这里需要强调的是，我国的教育管理体制改革虽然历经了一个从点到面、逐步深化和完善的过程，但目前离民主化、科学化和法治化目标尚有不小的距离。在我国，行政权力对社会生活各方面的影响比较广泛。很多时候，不同层级的政府行为，乃至一些领导人所参与的民间性活动，均可能对一些教育改革产生非常微妙而深刻的影响。在这种政治文化和教育管理体制下，各级各类教育实验改革往往有意无意地趋向于"行政模式"，谋求权力、体制的支持和推动。更有甚者，按部就班、亦步亦趋地依照各级各类权力机构的意愿和指示行事，致使教育实验改革本应具有的自主性、灵活性和创造性大打折扣。

值得赞赏的是，为了应对教育学研究所面临的危机和挑战，更为了探索基础教育改革与创新的可行路径，从 20 世纪八九十年代开始，越来越多的大学教师以及科研院所的理论工作者开始走进中小学，组织开展了以行动研究为旨趣的各类课题活动。在这种理论与实践互动的过程中，涌现出一批创造性研究现实问题、针对教育发展的特定领域而著书立说的专家学者，且相继建构了一系列富有本土文化特征、具有独立见解的教育理论框架。正是基于专家学者由"书斋"走向"田野"这一教育科研范式的转型，"教育思想主题化""理论实践互动常规化""基地实验改革制度化"三位一体的"教育科研共同体"初见端倪。随着这些教育科研共同体的自立、自为、自主和自觉，期待已久的"当代中国教育学派"[①] 已具雏形。这些学派目前都拥有各自的代表人物和相对稳定的研究群体，都已形成了比较独特的理论主张和实践路径，且分别在不同层面上对中国基础教育发展产生了一定影响。

不仅如此，近 20 年来，教育科研在教育决策和教育实践之间的纽带、桥梁作用也逐渐得到了认同，教育科研"上不着天（政策），下不着地（实践）"的现象得到了很大改观。就教育科研的政策影响力而言，从 1999 年"教育部基础教育课程改革专家工作组"成立，到 2010 年组建"国家教育咨询委员会"，再到 2011 年"国培计划"[②] 专家库出炉，都是从组织制度上认同教育科研的重大举措。至于教育科研的实践影响力，则可由理论工作者的实际行动得到进一步论证。我们看到，近年来有一大批高校教师和一些省、市、县教育科研机构中的工作人员，经常深入中小学，开展了多种多样，以变革校园生活、提升教育教学内涵为主旨的综合改革实验，一条专业理论工作者与中小学校长、教师有效合作的教改之路日渐清晰。比较有影响的综合改革实验有：幼儿园综合性实验、三年制幼师整体实验、中小学整体教育实验、中小学教育体系实验、希望教育实验、愉快教育实验、赏识教育实验、成功教育实验、和谐教育实验、新生活教育实验、创新（造）教育实验、生命（化）教育实验、理解教育实验、

---

① 此处所谓的"学派"，主要指具有共同理论主张、行动目标、学术立场、话语风格和科研方法的教育科研或教育改革共同体。

② "国培计划"是"中小学教师国家级培训计划"的简称。该计划由教育部、财政部于 2011 年开始全面实施，主要包括"中小学教师示范性培训项目"和"中西部农村骨干教师培训项目"两项内容，目的在于提高中小学教师，特别是农村教师队伍的整体素质。具体内容参见《教育部 财政部关于实施"中小学教师国家级培训计划"的通知》。为了保证教师培训质量，教育部委托"国培计划"中小学骨干教师培训项目执行办公室组织开展了专家遴选工作，经过初审、复审和公示等程序，确定了"国培计划"专家库首批人选 500 人，并于 2011 年 3 月正式公布。

尝试教育实验、情感教育实验、情境教育实验、主体教育实验、"新基础教育"实验、新教育实验、新课程改革、中央教育科学研究院教育综合改革实验、全国农村教育综合改革实验等。其中，方兴未艾且在基础教育领域产生重大影响的综合改革教育实验，当属"新基础教育"、"新课程改革"和"新教育实验"。

"新基础教育"研究是叶澜教授于20世纪90年代初发起并主持的一项理论与实践互动的综合性课题。这项课题以我国基础教育变革为研究核心，前后跨越15年之久，其中，以5年为一个分期，大致可以划分为三个内在相连的发展阶段，它们分别是探索性研究阶段（1994年9月—1999年8月）、发展性研究阶段（1999年9月—2004年8月）和成型性研究阶段（2004年9月—2009年8月）。总体看来，"新基础教育"研究的最终定位是"基础教育改革与学校转型性变革"，根本目的在于构建21世纪所需要的符合时代发展的新型学校。在具体实施的过程中，这项研究以对当代中国基础教育现状的批判性反思为起点，以对基础教育理论与实践进行整体性重建为目标，以理顺基础教育改革与教育学理论重建之间的逻辑关系为行动主线。长期以来，在"生命·实践教育学派"这面旗帜下，叶澜及其团队坚持"教育即生命实践"这一基本立场，坚持"从理念到行动""理论适度先行、理论与实践紧密结合"的研究思路，深入全国上百所中小学，指导一线教师开展改革，并在实践的过程中不断地提升理论，逐步形成了比较完善的"新基础教育"理论体系。

"新课程改革"致力于构建面向21世纪的中国特色的现代化基础教育课程体系，构建推进这一课程体系健康实施的课程政策、文件、工作方式及保障机制。总体看来，"新课程改革"是我国基础教育面向世界、面向现代化、面向未来的重大举措，它源于1998年的《面向21世纪教育振兴行动计划》的"跨世纪素质教育工程"。具体而言，"新课程改革"得益于政府的选择和推动，其根本目标是对"现行的基础教育课程体系"（主要用以指称2001年以前的基础教育课程体系）进行改造，构建符合素质教育所要求的"新的基础教育课程体系"（往往被简称为"新课程"）。从2001年启动至今，"新课程改革"已经走过了近20年。这些年来，一方面，一线教师在改革过程中习得了新的课程理念、创新了课堂教学，学生在体验新课程的过程中正在经历学习方式的变化，学校在拓展课程资源的过程中正在生成新的文化；另一方面，改革过程中也遭遇了多种形式的阻力，出现了一系列的理论困惑和实践难题。值得称道的是，在"新课程改革"不断推进的过程中，不同参与主体在暴露自身局限的同时，也以各自的方式进行了不同维度的创新性探索，并在相当程度上对我国基础教育课程体系进行了丰富和发展。

由中国教育学会原副会长、苏州大学博士生导师朱永新教授发起并主持的"新教育实验",缘于《我的教育理想》和《新教育之梦》两部专著。在这两部著作中,朱永新试图对"旧教育""问题教育"进行诘问、批判,试图以哲学的视角对新世纪的"新教育"——"理想的教育"进行解读和建构。正是为了传播教育的理想和理想的教育,为了携手共圆"新教育之梦",由朱永新教授领头,于 2002 年 6 月创办了"教育在线"网站(www.eduol.cn),并于同年 9 月在江苏省昆山市玉峰实验学校正式启动了"新教育实验"。历经多年,"新教育实验"逐步发展成为一项以教师专业发展为逻辑起点,以"过一种幸福完整的教育生活"为核心理念,以"五大观点·十大行动·四大改变"为基本框架的教育实验改革。"五大观点"为:交给孩子一生有用的东西;强调个性发展,注重特色教育;重视精神状态,倡导成功体验;无限相信学生与教师的潜力;让师生与人类的崇高精神对话。"十大行动"为:聆听窗外声音,培养卓越口才,营造书香校园,师生共写随笔,建设数码社区,构筑理想课堂,缔造完美教室,研发卓越课程,家校合作共建,每月推进一事。"四大改变"为:改变学生的生存状态,改变教师的行走方式,改变学校的发展模式,改变教育的科研范式。目前,"新教育实验"已经确立了比较明晰的团队架构,包括新教育理事会、新教育专家委员会、新教育研究院、新教育研究会、昌明新教育基金会、新阅读研究所、新父母研究所、新生命教育研究中心等。从组织关系层面来看,以理想主义、田野意识、合作精神、公益情怀为内核的团队理念基本确立,一种践行"NGO 生存哲学"并不断自我超越的团队文化基本形成。

五、基础教育实验改革发展的特点与趋势

在当代中国教育理论和教育实践的各类话语中,"教育实验"与"教育改革"是两个比较通俗而又难以严格区别的概念。在没有特别所指的情况下,两者往往可以互换使用。不仅如此,当"教育实验"与"教育改革"并存,难以区别或不必严格区别时,通常还会与"教育实验改革"或"教育改革实验"等比较宽泛的概念交错使用。

所谓教育实验,一般指为了科学研究而进行的有所监控和有所对照的教育实践活动。或者说,教育实验既是一种特殊的教育研究方法,也是一种特殊的教育实践活动,是具有科研性的教育实践活动与具有实践性的教育科研活动的统一。所谓教育改革,一般指有目的、有计划地对落后的教育思想和教育实践施加影响,使其获得预期的进步和发展。需要注意的是,教育改革主要是为了

推行新的教育思想、新的教育理论、新的教育方案，但为了避免草率行事，常常要通过教育实验来检验其有效性和可行性。正因为如此，教育实验常常成为教育改革的先导。事实上，人们开展教育实验，目的就在于发现典型经验、寻求教育规律，以便按照教育规律办事，而按照教育规律办事，就要对不合理的教育思想和教育实践进行改造和变革。

在关于"教育实验"和"教育改革"的话语中，有时还会出现"教育创新"这个概念。三者的关联在于，教育实验与教育改革更多的是强调教育发展的过程性概念，而教育创新更多的是用来强调教育实验或教育改革的目的和结果。简言之，教育改革和教育创新往往以教育实验的形式展开，或者说，教育实验往往成为教育改革和教育创新的基本形式。教育实验和教育改革是教育发展与创新不可缺失的重要手段和环节。教育改革的实验性、科学性与教育实验的改革性、创新性表现为：教育改革的过程和手段往往体现为教育实验，教育实验的最终目的往往表征为教育改革和教育创新，即变革教育、完善教育。可见，教育实验与教育改革都是一种探索和创新的过程，都是为了谋求一种新的教育、进步的教育、理想的教育。两者的价值追求是共同的、一致的。

教育实验是洞察教育本质的窗口。教育实验有广义和狭义之分，广义的教育实验就是教育改革。无论是强调现实性、操作性和推广性的所谓"宽泛论"的教育改革，还是强调客观性、准确性和理论验证的所谓"严格论"的教育实验，都具有变革教育、创新教育的基本特性。可以说，教育实验和教育改革就是为了教育创新，创新是教育实验和教育改革的要义所在、本质所在，也是教育实验和教育改革的终极价值所在。但是，"教育创新不是一个空泛抽象的口号，也不是时尚的思潮，决不能满足于一般提出的所谓新看法、新举措或引入国外一些新概念、新思想。教育创新是一个严肃认真、扎扎实实的研究和行动的过程"。"教育创新不能仅仅停留在对一些表面性问题或问题的浅表层次的关注，需要深入下去，搞清真正的问题和问题的症结所在。而面对一些已经被遮蔽、被扭曲的问题，则更加需要彰显本真、正本清源，而不是就问题谈问题、想对策"[①]。这段话以教育创新为视角，较为全面地阐释了教育实验和教育改革的可能意义与操作要求。

改革开放以来，我国教育实验改革取得了一系列成果，但也有许多问题和不足。目前看来，最为突出的表现就是，在组织与实施实验改革的过程中存在着盲目主义、形式主义、功利主义、山头主义等错误倾向。比如，有些实验改

---

① 朱小蔓. 对策与建议：2003—2004年度教育热点难点问题分析. 北京：教育科学出版社，2004：2.

革一哄而起，根本没有经过科学论证便仓促上阵；有些实验改革王婆卖瓜、自卖自夸，有名无实搞花架子；有些实验改革头痛医头脚痛医脚，甚至企图立竿见影马上给学校带来荣誉和实利；还有些实验改革的组织者自以为是、故步自封；等等。

不得不承认，在现有教育实验改革的各类成果中，真正能够得到政府重视、社会关注、学界认可的，并不多见。就以往的教育研究和教育实验而言，总体上存在着"一般性成果多，标志性成果少；个人独立研究多，集体攻关项目少；介绍引进的内容多，扎根研究的内容少"的现象。不仅如此，有不少实验改革还存在着很不规范的商业经营性活动，诸如频繁评奖、发证、挂牌，举办低水平、重复性的会议、论坛等。不少组织者对实验改革的推广性认识不足，忽视实验改革的科学性和严谨性，以致实验改革的过程性资料严重匮乏，无法提供实验改革的关键信息，诸如基本的理论假设、系统的实验方案以及科学的目标、方法、步骤等，往往含糊不清，前后矛盾。

因此，当前的中国教育实验改革不但需要有本土意识、实践情怀和合作精神，更需要有科学理念和规范意识。无论是教育科研工作者还是教育管理工作者，都应该以中国教育发展的实际问题为研究的出发点和落脚点，应该深入教育教学第一线。因为，只有广泛占有第一手研究资料和可靠数据，才可能发现真问题，才可能形成解决问题的新思路，才可能不断丰富理论和创新理论，才可能构建中国特色、中国风格、中国气派的教育思想和教育理论体系。

不难发现，现实中的各种教育实验改革，总是由一定的人发起、一定的人开展具体活动，进而产生一定的成果并为特定的人员所推广和利用。必须清醒看到，实验改革的发起人、参与者以及成果的直接享用者往往分属于不同的组织系统，他们往往以各自特定的方式从实验改革本身以及研究成果中获取各自所需的实际利益。正因为如此，"谁来开展实验改革""为谁开展实验改革"以及"如何开展实验改革"等等，一直是教育实验改革过程中的基本问题。

就教育实验改革的价值追求而言，"为了学生的发展""为了社会的进步"是两个最为常见而宏大的目标。但在具体落实的过程中，这两个目标必须分解和细化。因为，多元的主体结构具有多元的目标取向和多元的利益驱动。事实上，任何一项教育实验改革都由特定的利益主体发动，都由有特定利益需求的主体赞助，都由有特定利益需求的主体来具体执行。具体而言，行政主体往往希望通过实验改革使他们所制定的某种政策或推行的某个项目合法化；理论主体往往看重研究成果的出版发行和自身学术声望的不断提升；实践主体往往希望通过实验改革来改善具体的教育环境或获得自身的专业发展；学生当然希望实验改革能够丰富学校生活并促进自己的健康成长；父母最希望的当然是实验改革能够为他们的孩子的成功增加砝码；学校领导则希望实验改革能够使学校工作顺利推进，缓和个人之间、群体之间、组织之间以及群体或组织内部的紧张关系；等等。可见，对于任何个人、群体和机构而言，在组织和参与一项实验改革之前，确认究竟为了谁的利益、可能为了谁的利益、应该为了谁的利益，即澄清实验改革的合法性及其价值关涉，不失为一种明智的做法。否则，其合理性、合法性与可行性便会受到质疑。

总之，教育是一门艺术，更是一门科学。作为一门艺术，需要理想、信念、激情和智慧。作为一门科学，更需要不断实验和改革，并从中发现规律、找到方法。教育理论和实践的生命力在于实验和改革。或者说，教育实验和教育改革的兴旺发达，意味着教育理论和教育实践水平的不断完善和提升，而这正是教育实验改革的专业精神和专业尊严所在。明白了这些，教育实验改革才可能走向行动自觉并获得持久动力。

第八章
当代中国德育改革与发展

一、德育改革与发展的历程

二、德育改革与发展的问题分析

三、德育改革与发展的重要举措

德育是学校教育的重要组成部分,是学校教育的灵魂。当代中国德育的发展,是德育观念变革的过程和学校德育体系建设和完善的过程,也是确立学校德育的核心价值取向的过程。

一、德育改革与发展的历程

当代中国德育,确切地说是当代中国学校德育,以 1978 年中国实施改革开放为起点,并一直伴随着中国社会的改革开放而发展。当代中国德育发展大致可以划分为三个阶段:回归德育阶段(1978—1982 年)、建构新时期德育体系阶段(1983—2004 年)、完善德育体系阶段(2005 年至今)。

(一)回归德育阶段(1978—1982 年)

德育是什么?这个问题是全部学校德育的出发点。人们怎样认识德育,或者说怎样定义德育,也就怎样实施德育。"文革"前,我国学校德育存在简单"政治化"倾向的问题。"文革"中德育沦为"左"的政治工具,处于德育"丧失"的状态。对"左"的政治下被颠覆的德育进行"拨乱反正",是当代中国德育的首要任务。回归"德育",是当代中国德育的起点。

1. "文革"对德育的彻底颠覆

对学校德育的表述,自新中国成立以来,就不是很一致。与德育相关的概念有:政治教育、思想政治教育、道德教育。换句话说,德育似乎从一开始就同政治、思想、道德三个词结下了不解之缘。1949 年中国人民政治协商会议第一届全体会议通过的《中国人民政治协商会议共同纲领》,在"文化教育政策方面"规定了"中华人民共和国的文化教育为新民主主义的,即民族的、科学的、大众的文化教育。人民政府的文化教育工作,应以提高人民文化水平、培养国家建设人才、肃清封建的、买办的、法西斯主义的思想、发展为人民服务的思想为主要任务";同时提出"提倡爱祖国、爱人民、爱劳动、爱科学、爱护公共财物为中华人民共和国全体国民的公德"[①]。可见,中华人民共和国的学校德育,从一开始就涉及政治、思想和道德三个方面。新民主主义教育是"政治",为人民服务是"思想","五爱"是"道德"。但在相当长一段时间里,学校德育课程都以"政治"为名。到 1961 年,中共中央印发的《中华人民共和国教育部直属高等学校暂行工作条例(草案)》关于教学的规定中,既强调了"政治理

[①] 中央教育科学研究所. 中华人民共和国教育大事记. 北京:教育科学出版社,1983:3.

论",也强调了"共产主义道德品质的教育"①。在 1963 年中共中央印发的《全日制中学暂行工作条例（草案）》中，既强调了对中学生进行"共产主义思想教育"，也强调了"培养学生努力学习、热爱劳动、遵守纪律、团结友爱、艰苦朴素等思想品德"②。同年，中共中央印发的《全日制小学暂行工作条例（草案）》中，强调的是对小学生进行"共产主义思想品德教育"。这里对小学德育的规定，落脚点已经在"品德教育"上，其核心内容就是《共同纲领》提出的"五爱"，即爱祖国、爱人民、爱劳动、爱科学、爱护公共财物③。"文革"前我国德育尽管也存在某种偏颇，但是德育的方向逐步向"做人"的要求聚焦。1962 年广泛开展的学习雷锋活动，很重要的特点是德育向"做人"落脚。

然而，到"文革"期间，不仅德育中做人的道德要求全部被抛弃，而且本来还具有科学内涵的"思想政治教育"，也全部变成了"左"的政治工具。摧毁人性的"大批判"，成为全部学校政治教育。"文革"彻底颠覆了新中国成立后逐步建立起来的学校德育。

2. 德育"拨乱反正"

"文革"期间，社会所遭受的破坏是毁灭性的，学校德育也是如此。粉碎"四人帮"以后，学校德育面临的首要任务也是"拨乱反正"。

1978 年 4 月，邓小平在全国教育工作会议上发表讲话，提出了学校教育"拨乱反正"问题，也强调了学校德育"拨乱反正"的必要性。他说，"'四人帮'对教育事业的破坏，不仅造成科学文化的教育质量惊人下降，而且严重地损害了学校的思想政治教育，败坏了学校纪律"④。他指出，"革命的理想，共产主义的品德，要从小开始培养"⑤。他肯定了新中国成立后学校开展的"五爱"教育，指出"全国解放以后，我们的教育工作，我们的青年团、少先队的工作，发扬光大了过去的优良传统。在很长的一段时间里，广大青少年好好学习，天天向上，爱祖国、爱人民、爱劳动、爱科学、爱护公共财物……树立了一代新风"⑥。彻底否定"文革"学校政治教育，是"拨乱"；同时还需要"反正"，即正确地开展学校德育。1979 年 4 月 22 日至 5 月 7 日，教育部召开全国中小学思想政治教育工作座谈会，中共中央政治局领导到会，提出了新形势下

---

① 《中国教育年鉴》编辑部.中国教育年鉴（1949—1984）.北京：中国大百科全书出版社，1984：694.

② 同①702.

③ 同①700.

④⑤⑥ 邓小平.邓小平文选：第 2 卷.2 版.北京：人民出版社，1994：105.

学校思想政治教育的要求和措施①。

3. 回归德育本义

德育从根本上来说，是"做人"的教育。在"文革"前，这个要求已经在我国学校德育中凸显。对"文革"造成的学校德育颠覆性破坏进行修正的基本路径，就是回归德育本义。1979年，全国中小学思想政治教育工作座谈会以后，教育部印发了《全国中小学思想政治教育工作座谈会纪要》，指出中小学的思想政治工作，必须从实际出发，注意青少年的年龄特点，有的放矢，讲求实效，防止和纠正形式主义与成人化的做法。这里所使用的词语虽然还是"思想政治教育"，但是从"青少年的年龄特点"出发，这个命题已经使学校德育向德育本义回归。

（二）建构新时期德育体系阶段（1983—2004年）

学校德育是一项复杂的系统工程。在当代中国学校德育的发展过程中，人们对学校德育复杂性的认识逐步清晰起来。基于对德育复杂性的认识，建构新时期当代中国学校德育体系，就成为对学校德育进行拨乱反正后的中心任务。建构新时期德育体系的实践，主要以《小学德育纲要》《中学德育大纲》《中国普通高等学校德育大纲（试行）》等的研制、实验、颁发和实施为标志。

1. 德育是一种体系

学校德育的复杂性在于：（1）从德育内容来看，涉及思想、政治和道德等；（2）从德育对象来看，涉及学前、小学、中学和大学等；（3）从德育实施来看，涉及德育理念、德育机构、德育途径和德育方法等；（4）从德育的内外部关系看，涉及社会道德环境建设和学校自身德育建设。

根据上述对德育体系的分析，从德育实践看，德育体系至少4个子系统：德育观念与内容体系，德育层次体系，德育工作、途径与方法体系，家、校、社会沟通体系。

2. 德育大纲的研制、颁发与德育体系构建

德育大纲是对德育的顶层设计。德育大纲的研制就是德育体系的建构。德育大纲研制、实验、颁发的过程，就是德育体系建构的过程。

1983年，当代中国德育发展进入了建构德育体系的时期。学校德育涉及人的发展的不同时期，幼儿园、小学、中学和大学的德育各有不同特点。当代中国德育体系的建构，首先针对不同阶段的德育特点，由专长于不同教育阶段的

---

① 中央教育科学研究所. 中华人民共和国教育大事记. 北京：教育科学出版社，1983：547-548.

德育专家分别研制不同教育阶段的德育大纲（德育纲要），也就是说分别构建不同教育阶段的德育体系。这些不同教育阶段的德育体系，既有共同的结构与特征，也有不同教育阶段的特点。这些不同教育阶段德育大纲（德育纲要）的研制，既勾画了不同教育阶段的德育体系，也为构建整体的当代中国德育体系奠定了基础。

德育大纲的研制是在地方和中央两个不同层面进行的。地方层面上，比如辽宁省在 1984 年就研制并下发了辽宁省中小学德育大纲[①]。中央层面上，德育大纲（纲要）是从中小学德育大纲（纲要）的研制纳入国家教育科学规划项目开始的。1983 年，在全国第二次教育科学规划会议上，"学校思想政治道德教育大纲研究"被列为"六五"全国教育科学规划重点课题。由广东省人民政府（依托华南师范大学）、华东师范大学和北京师范大学负责课题研究。首先进行的是中学德育大纲研究。由各校分别提出一个德育大纲，并在小范围内实验。1986 年 10 月，国家教委召开中学德育大纲研讨会，就制定全国统一的德育大纲的必要性、可行性及指导原则等问题听取意见。会上形成了制定全国统一的德育大纲的共识。1987 年，在全国第三次教育科学规划会议上，"我国中小学德育的整体改革研究"被列为"七五"规划重点课题。该课题以《中学德育大纲》和《小学德育纲要》为最终成果形式。1988 年上半年，课题组完成了研制《中学德育大纲》和《小学德育纲要》的任务，并在一些中小学开展了实验。1988 年 6 月，全国中小学德育工作会议讨论了《中学德育大纲》和《小学德育纲要》的试行稿。1988 年 8 月，国家教委向全国发布了这两个德育文件，并要求各地试行[②]。《中学德育大纲》和《小学德育纲要》经过试行，国家教委 1993 年正式颁行了《小学德育纲要》，1995 年正式颁行了《中学德育大纲》。在《中学德育大纲》和《小学德育纲要》研制的基础上，1995 年国家教委印发了《中国普通高等学校德育大纲（试行）》。1998 年 3 月，教育部发布了《中小学德育工作规程》，规定了中小学德育工作的管理职责、思想品德课和思想政治课、常规教育队伍建设与管理、物质保证等内容。2004 年，教育部印发了《中等职业学校德育大纲》。同时，高校研究者和地方层面也研制了幼儿园德育大纲，如北京师范大学"我国学校政治、思想、道德教育大纲"课题组幼儿园德

---

① 加强德育工作是具有战略意义的大事：辽宁省教育厅负责人就中小学德育纲要制定（试行）答本刊记者问. 辽宁教育，1984（9）.

② 20 世纪 80 年代制订和试行德育大纲的背景、目的及意义：专访彭佩云同志. 中国德育，2008（7）；胡筠若. 德育改革与建设新阶段：谈中学德育大纲的研制和实验. 班主任，1989（4）（5）.

育大纲小组研制的《幼儿园德育大纲（试用）》[1]，上海市施行的《幼儿园德育大纲》[2]。

各个层面或不同类型的德育大纲，在德育的布局上是基本一致的。各大纲共同具有的要素是：德育目标、德育内容、实施途径、品德评定和德育实施。这些基本要素构成了学校德育体系的基本框架。

（三）完善德育体系阶段（2005 年至今）

我国从 20 世纪 80 年代到 90 年代，基本构建起了从小学到大学的德育体系。但是，这一德育体系是从不同层次出发分别构建的。人的成长是一个完整的过程，德育也应当是伴随人生的完整过程。人生的正规教育，如果说从幼儿园开始，经历小学、中学，直到大学，那么幼、小、中、大的德育就应当是衔接的。虽然在各个教育发展阶段上分别研制的德育大纲（德育纲要）已经注意到了衔接的问题，但是，从整个国家的学校德育体系构建来看，还需要整体规划。整体规划小中大学德育是德育发展的必然要求，分别构建的小中大学德育体系也为整体规划创造了条件。

2005 年，教育部发布《关于整体规划大中小学德育体系的意见》，提出"青少年学生的爱国情感，文明行为习惯，良好道德品质，遵纪守法意识，科学的世界观、人生观、价值观和中国特色社会主义理想信念，是一个通过教育逐步形成和发展的过程。整体规划大中小学德育体系，就是根据不同教育阶段学生身心特点、思想实际和理解接受能力，准确规范德育目标和内容，科学设置德育课程，积极开展德育活动，努力拓展德育途径，有针对性地进行教育和引导，使学校德育更具科学性，更好地促进青少年学生全面健康成长"。《意见》提出的整体规划有：(1) 整体规划各教育阶段德育目标和内容；(2) 整体规划科学设置各教育阶段德育课程；(3) 整体规划各教育阶段德育活动；(4) 整体规划努力拓展大中小学德育的有效途径；(5) 整体规划大中小学德育体系工作的领导[3]。整体规划并完善我国的德育体系，是进入 21 世纪以后当代中国德育的重要任务。

2017 年 8 月，为落实立德树人的根本任务，教育部印发了《中小学德育工作指南》，详细列出了从小学低年级直到高中的各学段的具体德育目标，规定了理想信念教育、核心价值观教育、传统文化教育、生态文明教育、心理健康教

---

[1] 幼儿园德育大纲（试用）．幼儿教育，1986（4）．
[2] 上海市幼儿园德育大纲．上海教育（小学版），1990（9）．
[3] 关于整体规划大中小学德育体系的意见．基础教育改革动态，2005（16）．

育等全面的新时期德育内容，并提出了课程育人、文化育人、活动育人、实践育人、管理育人、协同育人等多渠道、全方位的德育实施路径[①]。2017年12月，《高校思想政治工作质量提升工程实施纲要》提出，大力推动以"课程思政"为目标的课堂教学改革，梳理各门专业课程所蕴含的思想政治教育元素和所承载的思想政治教育功能，融入课堂教学各环节，实现思想政治教育与知识体系教育的有机统一[②]。由此可以看出，不论是在中小学还是在大学，德育都不再是单纯的某一门或几门课程，而是多渠道、全方位、立体化并增添了新时代内容的德育体系。

40多年来，随着改革的不断深入和中国社会的巨大变化，德育也呈现出与时代共同演进的特点，表现为从德育政治化到人本化凸显，从政治教育到丰富的"大德育"体系，从运动式德育到大中小学德育一体化，从孤立的德育到全员、全程、全方位的德育。40多年的德育改革逐渐显示出人本化的路向，为实现立德树人的根本任务，新时期必须构建成"人"的德育[③]。

二、德育改革与发展的问题分析

事物的发展，在一定意义上说是在问题的推动下实现的。当代中国德育的发展，同样也是在解决时代所提出的重要德育问题中实现的。分析影响当代中国德育发展的关键问题，可以帮助我们更好地理解当代中国德育。当代中国德育发展所面对的关键问题，可以归纳为：走出思想迷雾，澄清德育方向；进入新时期，创造德育新格局；适应市场经济，把握核心价值。

（一）走出思想迷雾，澄清德育方向

1978年，中国进入新时期以后，德育所遭遇第一个重要问题是，如何解决"文革"所带来的青少年思想与道德上的迷失及"矫""文革"否定文化知识教育之"枉"而不至偏颇。

"文革"对中国社会各个方面的破坏都是摧毁性的，包括对学校德育的破坏。"文革"对学校德育致命性的破坏，并不表现为人们明眼一看就明白的一套

[①] 教育部关于印发《中小学德育工作指南》的通知. http://www.moe.gov.cn/srcsite/A06/s3325/201709/t20170904_313128.html.

[②] 中共教育部党组关于印发《高校思想政治工作质量提升工程实施纲要》的通知. http://education.news.cn/2017-12/06/c_129758619.htm.

[③] 冯建军. 改革开放四十年中国德育的转型发展. 南京社会科学，2018（4）.

从"里"到"外"的思想道德涟漪,而是表现为那些以"马克思主义"为旗号,以所谓"道德"名义被摧毁的人们的思想道德信念。粉碎"四人帮"以后,人们虽然对国家进入新时期满心欢喜,但是一些人,尤其是一些青少年在基本的思想道德信念方面却发生了动摇,甚至是"迷失"。"有些学生对社会主义方向和共产党领导,对马列主义、毛泽东思想产生模糊认识,甚至怀疑。忽视政治,胸无大志,缺乏革命理想等问题相当普遍存在。"[1]

与此同时,当代中国德育也面临着进入新时期以后,在纠正"文革"否定文化知识教育错误时出现的强调智育而忽视德育的问题。1979年,《全国中小学思想政治教育工作座谈会纪要》指出,要面向全体学生,全面完成中小学的培养任务,决不能单纯追求升学率,把注意力集中到小部分学生身上;同时指出,要坚持"三好"原则,使学生德智体全面发展。1981年,教育部召开的全国学校思想政治教育工作会议明确提出,要对学生进行四项基本原则教育,要加强和改进马列主义理论课教育,要加强共产主义道德教育,要加强劳动教育[2]。

这就在思想上澄清了德育方向问题,即不能因为"左"的错误,而否定马克思主义、否定社会主义、否定共产党领导、否定人民民主专政,不能否定思想政治教育。同时,要特别重视与"做人"相关的基本道德行为的教育。

(二)进入新时期,创造德育新格局

当代中国德育的发展,不仅要坚持历史上形成的好的传统,纠正"文革"对德育的破坏性错误,拨开"文革"所造成的思想迷雾,更重要的是要适应中国社会发展新时期的需要,创造德育新格局。因此,德育的改革创新,就是新时期德育深入发展的关键问题。

中国的经济体制改革,是从农村联产承包责任制开始,尔后走向城市的改革。20世纪80年代,计划经济体制一步步被打破,到80年代末商品经济在社会主义经济体制中的地位已经得到明确。随着思想解放,政治体制改革也在推进。德育顺应当代中国社会变革,是历史的要求。事实上,进入20世纪80年代后,中国的德育工作者就一直在探索新时期所需要的德育。德育的观念、目标、内容、方法、途径等等,都已经引发人们的思考。到1988年,教育部召开全国思想政治教育工作会议,对当代中国德育开创新局面的问题形成了总结性

---

[1] 何东昌. 中华人民共和国重要教育文献(1959—1997). 海口:海南出版社,1998:1721.
[2] 中央教育科学研究所. 中华人民共和国教育大事记. 北京:教育科学出版社,1983:624.

的认识。改革开放的深入、新旧体制的交替、新旧观念的冲突等等，无不对德育形成了挑战。当年，在当代中国德育发展中，出现了第一个以中共中央名义颁发的德育文件——《中共中央关于改革和加强中小学德育工作的通知》[①]，该文件指出，中小学德育工作必须适应全面深化改革的新形势，建立适应社会主义商品经济和民主政治不断发展需要的德育工作新格局，确立了中小学德育以爱祖国、爱人民、爱劳动、爱科学、爱社会主义的"五爱"为基本内容。

（三）适应市场经济，把握核心价值

从1978年开始的改革，经历整个80年代，为中国90年代建立社会主义市场经济体制的改革做好了准备。1992年，邓小平同志发表南方谈话。1993年，党的十四届三中全会通过了《中共中央关于建立社会主义市场经济体制若干问题的决定》。中国的经济体制格局发生根本性的变化，由此也引发了整个社会更全面、更深层次的变革。在中国社会变革的这样一个重要时期，德育实践提出了德育适应社会主义市场经济体制变革、完善德育新格局的重要问题。在这样一个重要的时间节点上，中共中央也及时对当代德育改革的这一重大问题做出了回应，又一次以中共中央的名义颁布了深化德育改革的指导性意见，这就是《中共中央关于进一步加强和改进学校德育工作的若干意见》。文件指出，社会主义市场经济体制改革对德育提出了更高的要求，然而学校德育工作对这一新的形势还很不适应，要求"整体规划学校德育体系"，以建立一个与社会主义市场经济体制相适应的德育新格局[②]。

党的十八大以来，中央高度重视培育和践行社会主义核心价值观，核心价值观教育也成为新时期学校德育的重要内容。2013年，为指导中小学校进一步学习宣传贯彻党的十八大精神，切实抓好党的十八大精神进教材、进课堂、进学生头脑的工作，教育部组织制定了《初中思想品德课和高中思想政治课贯彻党的十八大精神的教学指导建议》。2014年，教育部就培育和践行社会主义核心价值观，进一步增强中小学德育的时代性、规律性、实效性，发布了《教育部关于培育和践行社会主义核心价值观 进一步加强中小学德育工作的意见》。2017年的《中小学德育工作指南》提出把社会主义核心价值观融入国民教育全过程，落实到中小学教育教学和管理服务各环节，将社会主义核心价值观内化于心、外化于行。

---

① 何东昌. 中华人民共和国重要教育文献（1959—1997）. 海口：海南出版社，1998：2822.
② 同①3686.

三、德育改革与发展的重要举措

中国当代德育大体经历了三个发展阶段,面对德育改革的三大问题,同时也至少有三个方面的重要改革。

(一) 科学认识德育,建构德育科学体系

科学认识德育,是改革开放以后德育工作者逐步达成的共识,并成为国家的德育指导思想。科学认识德育,需要把德育作为一种客观存在来认识,即必须回答"德育是什么"的问题;在弄清德育本质的基础上,必须回答"德育是怎样一种实践活动"的问题;最后,要回答"怎样才能有效地进行德育活动"的问题。

1. 德育是思想、政治、道德和心理统一的完整的教育活动

德育改革,首先是德育观念的改革。而德育观念的关键问题,就在于怎样认识"德育"。在改革开放之初,人们谈论德育比较习惯用"思想政治教育"。1979年和1981年两次重要的全国性的德育工作会议,都称为"思想政治教育工作会议"。但是,改变逐步发生。1981年,教育部发通知,要改进和加强思想政治教育,提出小学设思想品德课[1]。到1988年,在德育概念表达和用语上发生了重大变化,"德育"概念取代了"思想政治教育"。该年召开"全国中小学德育工作会议"也不再使用"思想政治教育工作"的名称。当然"德育"概念并没有排斥思想政治教育,而是把思想政治教育同道德教育一起纳入"德育"的范畴中。该次会议提出,德育是学校教育的一个重要组成部分,它不同于一般的思想政治工作。德育的主要任务是塑造学生的心灵,因此它必须依据学校培养人才的规格,针对学生的实际,遵循学生思想品德形成、发展、变化的规律,进行有系统的教育。教育的基本内容应当是相对稳定的、规范的、结构合理的,除了思想政治方面的内容以外,还应该考虑到学生生理、心理发展的特点,对他们进行良好行为习惯的养成、个性心理品质的培养、高尚审美情趣的形成,以及青春期的性道德等等的教育。因此,必须树立新的德育观念,把德育的外延和内涵加以拓宽和扩大[2]。

2. 德育是诸要素整合的体系

德育抛却不恰当的甚至是错误的观念,并不能保证德育有效进行。德育是

---

[1] 中央教育科学研究所. 中华人民共和国教育大事记. 北京:教育科学出版社,1983:611.
[2] 何东昌. 中华人民共和国重要教育文献(1959—1997). 海口:海南出版社,1998:2760.

一个复杂的体系，是一个系统工程。德育不仅要确立正确的德育观念，而且要把握德育活动的各个要素，建立一个围绕德育目标的整合的体系。建立这样一个围绕德育目标的整合的体系，是当代中国德育改革最重要的任务。

建构德育体系是当代中国德育发展的重要阶段。这个发展阶段的存在，正是同当代中国德育改革面临着这一重大任务相一致的。经过40多年的改革发展，一个结构完整、层次分明的当代中国德育体系已经建立起来。

3. 把德育建立在科学基础上

在德育科学性的改革方面，对德育进行科学研究，特别是探索人的思想品德形成的规律，也是德育改革的重要任务。围绕建构德育科学体系，科学开展德育活动，德育的科学研究迅速发展起来。

德育科学研究既是德育改革的重要方面，也是德育改革的科学化基础。

在德育科学研究方面，首先形成了一支力量强大的研究队伍。改革开放以后，在教育科学研究迅速发展繁荣的同时，教育科学研究中的德育研究得到很大发展。一批有志于德育科学的学者和研究人员及广大德育工作者投入这个研究领域中，在德育观念变革、德育体系建设、德育决策等方面提供了科学支持。

其次，德育科学研究机构成为德育科学发展的基地。德育科学研究机构设置在各个层面上。有设置在教育科学研究所中的德育研究机构，也有设置在大学中的德育研究机构，甚至中小学也有教研一体的德育机构。

最后，德育科学研究项目是教育科学研究项目的重要组成部分。如前所述，我国德育大纲（纲要）的研制，从国家层面上看，就是从国家教育科学规划"六五""七五"项目开始的。

（二）抓住德育主渠道，进行德育课程改革

德育是一个复杂的系统，必须通过多种渠道进行，而德育课程是德育活动的最重要的渠道。德育课程改革在当代中国德育改革中居于特殊的地位。德育课程改革最明显的特征是课程名称的变化。

1. 中小学思想品德课的设置

新中国成立后，在相当长一段时间里，学校德育课程不分年段几乎都称为政治课。学校德育课程名称的变化发生在改革开放以后，首先出现在小学，所以当代中国德育发展中，学校德育课程的变革首先发生在小学。"文革"前，小学专设的德育课程不稳定，且名为"政治课"。"文革"中，小学设"政治课"。1981年3月9日，教育部发通知，为改进和加强小学思想政治教育，从当年秋季起小学各年级设思想品德课①。这绝不仅仅是文字上的变化,而且是小学德育课程发生的实质性的变化。从此,小学德育课程真正着眼于小学生的德性发展。

2001年开始的我国新一轮基础教育课程改革,是一次基础教育整体的课程改革。基础教育学校的德育课程改革自然是此次课程改革的重要方面。在此次课程改革新设置的基础教育课程中,小学德育课程将思想品德课改变为小学1~2年级设"品德与生活",3~6年级设"品德与社会"。从课程名称看,小学德育课程更切近小学生的成长需要和生活实际。

在此次课程改革之前,中学德育课程也经历了渐进的改革。在1981年国家规定的相关教学计划中,中学所设德育课程还称为"政治"。到1988年,国家规定的相关的教学计划中,初中政治课改为"思想政治"。1996年,在国家规定的相关教学计划中,高中政治课也改为"思想政治"。在2001年,国家发布的《义务教育课程设置实验方案》中,初中思想政治课也改为"思想品德",高中仍为"思想政治"②。中学德育课程名称的变化,也反映出中学德育课程不断贴近中学生德性品质发展的实际。

2016年以后,为贯彻落实《中共中央关于全面推进依法治国若干重大问题的决定》,将义务教育小学起始阶段的"品德与生活"与初中起始年级的"思想品德"统一更名为"道德与法治"。至2019年,义务教育阶段全部年级已完成了"道德与法治"的统一变更。

2. 大学德育课程改革

自20世纪50年代起,我国高校就开设马列主义理论教育课程。但是在大学里开设思想品德课程,是改革开放以后的事。

改革开放以后,大学德育课程也经历了不断的改革。大学德育课程简称"两课",即马克思主义理论教育课程和思想品德课程。在1982年以前,我国高校德育课程只有马克思主义理论教育课程,而无思想品德教育课程。1982年,教育部发布《关于在高等学校逐步开设共产主义思想品德课程的通知》,指出"为了培养学生成为有理想、有道德、有文化、守纪律的又红又专的人才,有必要把共产主义思想品德课作为一门必修课程,纳入教学计划"③。1984年,教育部又对思想品德教育课做了规定,指出高校思想品德课的任务是对学生进行共

---

① 中央教育科学研究所. 中华人民共和国教育大事记. 北京:教育科学出版社,1983:611.
② 彭泽平. 变革与反思:改革开放以来我国基础教育课程改革研究. 北京:中国文史出版社,2005:223-243.
③ 同①670.

产主义人生观和共产主义道德教育，针对学生普遍关心的有关人生、理想、道德等方面的问题，给予有说服力的回答①。

1995年，国家教委印发《关于高校马克思主义理论课和思想品德课教学改革的若干意见》。正是在这一文件中，大学两类德育课程获得了"两课"的简称。"两课"作为大学德育课程正式确立。"两课"着眼"世界风云变幻"，"国际竞争"和国内"改革深化，开放扩大，尤其是建立社会主义市场经济体制和以公有制和按劳分配为主体，其他多种经济成分和分配方式并存的社会环境里"，"帮助青年学生认清人类历史的走向和社会主义发展的前景，使他们确立坚定正确的政治方向，提高贯彻执行党的基本路线的自觉性；树立马克思主义的世界观、人生观、价值观，培养良好的道德品质，成为社会主义事业的建设者和接班人"②。

2005年，《中共中央宣传部 教育部关于进一步加强和改进高等学校思想政治理论课的意见》规划了本科马克思主义理论的4门必修课：马克思主义基本原理，毛泽东思想、邓小平理论和"三个代表"重要思想概论，中国近现代史纲要，思想道德修养与法律基础。2015年颁布实施的《高等学校思想政治理论课建设标准》，在高校思政理论课的"课程设置"上仍然规定本专科沿用"05方案"，且该指标为高校思政课建设的核心指标。2017年12月，中共教育部党组印发《高校思想政治工作质量提升工程实施纲要》，提出要统筹课程育人，大力推动以"课程思政"为目标的课堂教学改革③。

（三）明确核心价值取向，树立德育价值自信

价值取向是一种文化的核心。当代中国价值取向也是中国文化的核心。而德育的核心正是价值观的教育。一种德育必是以一种核心价值观为导向的。作为一种德育灵魂的核心价值观，其感召力、认同度直接影响着德育的效力。当代中国德育的发展，也是追寻核心价值观的过程。当代德育发展过程中所遭遇的困难，也在于追寻具有感召力并足以自信的核心价值取向。不能想象一种德育，德育者对自己所主张的价值观缺乏足够自信，而能够帮助德育对象发展起正确的价值观，养成良好的道德品质。

中国社会的发展走到需要价值自信的阶段，当代中国德育的发展也到了需

---

① 王越芬，等. 两课教育理论和实践. 哈尔滨：东北林业大学出版社，2005：35.
② 同①54.
③ 冯建军. 四十年德育改革的中国道路与中国经验. 东北师大学报（哲学社会科学版），2018(6)：122.

要价值自信的阶段。当代中国德育的进一步改革，需要以确立德育价值自信作为重要的任务。

2013年12月，中共中央办公厅印发了《关于培育和践行社会主义核心价值观的意见》。《意见》指出，"培育和践行社会主义核心价值观要从小抓起、从学校抓起。坚持育人为本、德育为先，围绕立德树人的根本任务，把社会主义核心价值观纳入国民教育总体规划，贯穿于基础教育、高等教育、职业技术教育、成人教育各领域，落实到教育教学和管理服务各环节，覆盖到所有学校和受教育者，形成课堂教学、社会实践、校园文化多位一体的育人平台，不断完善中华优秀传统文化教育，形成爱学习、爱劳动、爱祖国活动的有效形式和长效机制，努力培养德智体美全面发展的社会主义建设者和接班人。适应青少年身心特点和成长规律，深化未成年人思想道德建设和大学生思想政治教育，构建大中小学有效衔接的德育课程体系和教材体系，创新中小学德育课和高校思想政治理论课教育教学，推动社会主义核心价值观进教材、进课堂、进学生头脑。完善学校、家庭、社会三结合的教育网络，引导广大家庭和社会各方面主动配合学校教育，以良好的家庭氛围和社会风气巩固学校教育成果，形成家庭、社会与学校携手育人的强大合力"[1]。可以说，中国当代德育在党的十八大以后，进入以德育价值自信为核心的改革阶段。

新时代，中国充分发挥中华优秀传统文化在爱国主义教育中的重要作用，并将文化自信上升到中国特色社会主义"四个自信"的高度。党的十九大报告提出，"文化是一个国家、一个民族的灵魂。文化兴国运兴，文化强民族强。没有高度的文化自信，没有文化的繁荣兴盛，就没有中华民族复兴"。中华文化博大精深，从民族精神来说，主要是以天下兴亡、匹夫有责为重点的家国情怀，以仁爱共济、立己达人为重点的社会关爱，以正心笃志、崇德弘毅为重点的人格修养[2]。以中华优秀传统文化为内容和媒介，成为新时代学校德育的重要特点。

---

[1] 中共中央办公厅. 关于培育和践行社会主义核心价值观的意见. 出版参考，2013（36）.
[2] 冯建军. 四十年德育改革的中国道路与中国经验. 东北师大学报（哲学社会科学版），2018（6）：121.

第九章
当代中国教育体制改革与发展

一、教育体制改革与发展的历程

二、教育体制改革与发展的主要特征

三、教育体制改革与发展的主要成效

四、教育体制改革与发展面临的挑战

20 世纪 80 年代中期以来，中国政府在教育体制改革方面先后出台了三个重要的政策文件：1985 年《中共中央关于教育体制改革的决定》、1993 年中共中央和国务院印发的《中国教育改革和发展纲要》、2010 年中共中央和国务院发布的《国家中长期教育改革和发展规划纲要（2010—2020 年）》（简称《教育规划纲要》）。主要涉及中国教育体系的以下几个主要方面：高校招生与毕业生分配体制、办学体制、教育管理体制、教育财政体制、教师聘任和薪酬（人事和分配）体制等。高校招生体制、高校毕业生分配制度和教育财政体制改革已在其他相关各章进行过讨论，本章主要对办学体制、教育管理体制，以及教师培养、聘用和薪酬体制改革进行考察和分析。

一、教育体制改革与发展的历程

（一）办学体制

办学体制是指国家对举办教育机构的制度安排，主要指对设立学校的主体资格、权利、责任，以及各类主体所设立学校的关系、结构的规定。我国办学体制的改革主要表现在发展民办教育、农村办学体制、国有企业办学改革和城市公办学校转制等方面。

1. 发展民办教育

改革开放前，我国禁止私立学校发展，只存在政府、企事业单位和农村集体举办的公办学校。改革开放后的办学体制改革，起步于民办学校的恢复和获得合法地位。1977 年高考的恢复，极大地激励了广大青年学习文化知识的热情。高考补习班成为改革开放后最早出现的民办教育类型。在高考补习班的基础上，逐渐发展出了民办中小学和民办高校。

1982 年修订的《中华人民共和国宪法》承认了民办学校的合法地位，并且指出："国家鼓励集体经济组织、国家企业组织和其他社会力量依照法律规定举办各种教育事业。"1992 年邓小平南方谈话后，民办学校全面进入学历教育领域。2002 年，《中华人民共和国民办教育促进法》正式颁布，民办学校走上了依法办学的轨道，进入了与公办学校共同发展的新时期。2016 年，中央全面深化改革领导小组审议通过了《民办学校分类登记实施细则》和《营利性民办学校监督管理实施细则》，确定了民办学校区分为营利性和非营利性两类，对不同类型民办学校进行分类管理的体制。

2. 农村办学体制改革

改革开放前，农村学校主要由农民集体举办，教师以民办教师为主，民办教师的薪酬主要由农村集体负担，实际上是农民办学。改革开放后，通过将民办教师转变成公办教师等措施，逐步减少民办教师。1994年《国务院关于〈中国教育改革和发展纲要〉的实施意见》对减少民办教师数量和比例提出了新的目标：到2000年左右基本解决民办教师问题，让民办教师退出历史舞台。2000年，政府宣布我国已不存在民办教师，这标志着农村学校已由农民办学转变为政府办学，农村办学体制有了根本性转变。

3. 国有企业办学改革

国有企业举办中小学、幼儿园等基础教育学校始于20世纪50年代初。国家实施改革开放后，多种经济成分并存的市场竞争体制要求国有企业分离办学职能。1993年开始，在国有企业改革的推动下，国有企业办学改革逐步展开。国有企业办学体制改革的核心是将国有企业所办学校转交所在地政府举办。2002年，国家经贸委、教育部等部门《关于进一步推进国有企业分离办社会职能工作的通知》后，国有企业办中小学分离改制进程大大加速。到2010年左右，全国大多数国有企业所办的中小学已经分离并移交给了地方政府，国有企业办学改革基本完成。

4. 城市公办学校转制

20世纪末至21世纪初，城市出现了公办学校转制改革。公办学校转制改革，是指公办学校通过改革成为"经费自筹、自主管理"的学校。转制学校具有以下两个特征：一是学校的所有权与经营权分离。转制学校属于公办学校，政府行使所有权，原有的教师还是事业编制，属于政府的雇员；学校的经营权通过合同订立契约由校长、董事会行使，并对学校实行"自主管理"。二是采用民办学校的运行机制。转制学校采用的民办学校运行机制主要有优质优价的收费机制、优胜劣汰的教师聘用管理机制、一定程度的自主招生机制。经过最初几年的快速发展后，转制学校的一些问题逐渐显现出来，主要是一些地方出现了将重点中小学转制，或者将重点中小学的一部分转制，收取高额学费，转制学校既享受民办学校的好处又有公办学校的保障；一些地区转制学校的比重很大，政府有通过转制推卸教育经费责任之嫌。1998年开始，教育部提出规范转制学校，限制其发展。2006年《教育部关于贯彻〈义务教育法〉进一步规范义务教育办学行为的若干意见》要求停止审批新转制学校并清理已有转制学校。到2010年前后，转制学校基本不存在了。

（二）教育管理体制

教育管理体制是保障教育行政与学校管理活动顺利开展的基本管理制度，

它由教育行政管理体制和学校管理体制组成。

1. 教育行政体制

教育行政体制改革主要围绕教育管理权在各级政府之间、政府与学校之间的配置而展开。改革开放初期的教育行政管理体制改革，主要是恢复"文化大革命"前的"统一领导、分级管理"的计划管理体制。1979年，中共中央批转教育部《关于建议重新颁发〈关于加强高等学校统一领导、分级管理的决定〉的报告》，恢复了高等学校统一领导、对口管理的体制。1980年，中共中央、国务院颁布《关于普及小学教育若干问题的决定》，提出今后普通教育的发展规划和年度计划、事业经费、基建投资、人员编制，由各省、市、自治区党委和政府统筹安排，组织实施，为后来基础教育实行"分级办学、分级管理"的体制奠定了基础。

1985年，《中共中央关于教育体制改革的决定》提出，要将发展基础教育的责任和管理权限下放给地方政府。1986年颁布的《中华人民共和国义务教育法》规定，在国务院领导下，义务教育实行地方负责，分级管理。1994年，《国务院关于〈中国教育改革和发展纲要〉的实施意见》，进一步明确了基础教育阶段各级政府的责任，并突出了县级政府的责任："县级政府在组织义务教育的实施方面负有主要责任，包括统筹管理教育经费，调配和管理中小学校长、教师，指导中小学教育教学等。"该文件还明确了高等教育管理体制："高等教育逐步实行中央和省、自治区、直辖市两级管理，以省级政府为主的体制。"1995年颁布的《中华人民共和国教育法》对中央和地方政府在教育发展管理上的职责权限做出了明确规定，"国务院和地方各级人民政府根据分级管理、分工负责的原则，领导和管理教育工作。中等及中等以下教育在国务院领导下，由地方人民政府管理。高等教育由国务院和省、自治区、直辖市人民政府管理"。

2001年，《国务院关于基础教育改革与发展的决定》颁发，对农村义务教育管理体制进行了重大改革，明确农村义务教育"实行在国务院领导下，由地方政府负责、分级管理、以县为主的体制"。2006年修订的《中华人民共和国义务教育法》颁布实施，将以县为主的义务教育管理体制法制化："义务教育实行国务院领导，省、自治区、直辖市人民政府统筹规划实施，县级人民政府为主管理的体制。"2010年颁布的《教育规划纲要》要求"健全统筹有力、权责明确的教育管理体制"。其中有关教育管理体制改革的表述，不仅提到了政府的权责要明确，各级政府的责任要明确，还提出提高公共教育服务水平、管办评分离、政事分开等有关政府绩效、问责内容的改革方向，这些改革要点在以往有关教育管理体制的政策文件中都未涉及过。

2015年,《教育部关于深入推进教育管办评分离 促进政府职能转变的若干意见》发布,提出要依法明晰政府、学校、社会权责边界,构建系统完备、科学规范、运行有效的制度体系,形成决策、执行、监督相互协调、相互制约的教育治理结构。该文件要求教育管理部门推进依法行政,形成政事分开、权责明确、统筹协调、规范有序的教育管理体制。推进依法评价,建立科学、规范、公正的教育评价制度。

2. 学校管理体制

学校管理体制改革的主要内容,一是调整政府与学校的关系,二是完善学校内部治理结构。改革开放初期,学校管理体制改革的主要措施就是恢复"文化大革命"前的制度。1978年,教育部修订并重新颁布了《全日制小学暂行工作条例(试行草案)》与《全日制中学暂行工作条例(试行草案)》,把全日制中小学管理体制确定为党支部领导下的校长分工负责制。同年,教育部制定《全国重点高等学校暂行工作条例(试行草案)》,把"党委领导下的校长分工负责制"确定为高等学校的管理体制。

1985年,《中共中央关于教育体制改革的决定》指出,先前教育行政体制的弊端是政府有关部门对学校管得过死,应该坚决实行简政放权,扩大学校办学自主权。该文件还提出,包括高等学校在内,"学校逐步实行校长负责制,有条件的学校要设立由校长主持的、人数不多的、有威信的校务委员会,作为审议机构"。1988年,国家教委发布《关于高等学校逐步实行校长负责制的意见》,明确规定在高等学校实行校长负责制,重新划分并明确了党政的职责。此后,校长负责制在高等学校出现,至1989年全国已有100多所高等学校实行了校长负责制。1989年春夏之交的政治风波后,在当年的全国高等教育工作会议上,国家教委提出要把校长负责置于党委领导下的主张,此后高校恢复党委领导下的校长负责制。

1993年的《中国教育改革和发展纲要》和2006年修订的《中华人民共和国义务教育法》,确认了包括义务教育学校在内的中等及中等以下学校实行校长负责制。1998年颁布的《中华人民共和国高等教育法》规定"国家举办的高等学校实行中国共产党高等学校基层委员会领导下的校长负责制",以法律的形式确定了高等学校党委领导下的校长负责制。

2010年颁布的《教育规划纲要》提出,要实现学校自主管理,探索多样化的学校管理体制。要适应中国国情和时代要求,建设依法办学、自主管理、民主监督、社会参与的现代学校制度,构建政府、学校、社会之间新型关系。完善普通中小学和中等职业学校校长负责制,完善校长任职条件和任用办法,实行校务会议等管理制度。建立健全教职工代表大会制度，不断完善科学民主决策机制。建立中小学家长委员会，引导家长、社区和有关专业人士参与学校管理和监督。该文件并未针对高等学校管理体制改革出台任何实质性的改革举措，依然重申了"党委领导下的校长负责制"。

2014 年，国家教育体制改革领导小组办公室发布《关于进一步落实和扩大高校办学自主权 完善高校内部治理结构的意见》，提出要积极简政放权，进一步落实和扩大高校办学自主权。2015 年，《教育部关于深入推进教育管办评分离促进政府职能转变的若干意见》提出，要依法明确和保障各级各类学校办学自主权，推进政校分开，建设依法办学、自主管理、民主监督、社会参与的现代学校制度。

（三）教师培养、聘用和薪酬制度

教师培养、聘用和薪酬制度改革受政治经济体制的制约，也受教师工作特点的影响。改革开放初期，各级公办学校教师聘用制度还沿用计划模式，教师薪酬制度改革也没有起步。但是在思想解放潮流的推动下，国家开始对教师培养体制进行反思，并启动了对民办教师制度的改革。1985 年，中共中央、国务院发布《国家机关和事业单位工作人员工资制度改革方案》，实行以职务工资为主要内容的结构工资制，将工资分为基础工资、职务工资、工龄津贴和奖励工资四个部分。教师薪酬进入了岗位结构薪酬制度时代。

20 世纪末，教师培养、聘用和薪酬制度改革取得重大进展。1993 年《国务院关于机关和事业单位工作人员工资制度改革问题的通知》首次将包括公办学校在内的事业单位工作人员的工资体系与公务员分开，不再统一按照"国家干部"进行管理。1995 年，教育部颁布了《教师资格条例》，对教师资格的分类与使用、申报教师资格的条件、教师资格考试、教师资格认定等都做了详细的规定。教师资格证书制度正式实施，表明从师范院校定向培养中小学教师的机构定位方式，转向教师知识定位方式，为开放教师培养体系奠定了制度基础。

进入 21 世纪以来，教师培养、聘用和薪酬制度改革继续深入。2000 年，中组部、人事部《关于加快推进事业单位人事制度改革的意见》明确提出"破除干部身份终身制，引入竞争机制，在事业单位全面建立和推行聘用制度，把聘用制度作为事业单位一项基本的用人制度"。2001 年，《国务院关于基础教育改革与发展的决定》提出，要"完善以现有师范院校为主体、其他高等学校共同参与、培养培训相衔接的开放的教师教育体系"。此后，封闭的教师培养体系开始开放。

2015年，教师培养、聘用和薪酬制度有两项重大改革。其一，人社部、教育部发布《关于深化中小学教师职称制度改革的指导意见》，在中小学首次设立正高级职称，教师聘用和薪酬制度更加完善。其二，《国务院关于机关事业单位工作人员养老保险制度改革的决定》对包括公办教师在内的机关事业单位工作人员实施新的养老保险制度，对教师薪酬制度进行了重大改革。这一改革的主要内容是教师加入社会统筹与个人账户相结合的基本养老保险制度。基本养老保险费由学校和个人共同负担。学校在基本养老保险的基础上，为教师建立职业年金。教师退休后，退休金的多少与缴费年限和水平挂钩。教师的聘用与薪酬体制、劳动力市场全面接轨。

2018年，《中共中央、国务院关于全面深化新时代教师队伍建设改革的意见》发布，确立了公办中小学教师作为国家公职人员的特殊身份，提出要确保中小学教师平均工资收入水平不低于或高于当地公务员平均收入水平，建立体现以增加知识价值为导向的收入分配机制，扩大高等学校收入分配自主权，高等学校在核定的绩效工资总量内自主确定收入分配办法等。在教师培养方面，要建立以师范院校为主体、高水平非师范院校参与的师范教育体系。

二、教育体制改革与发展的主要特征

我国教育体制改革是在经济体制改革的推动下和政治体制的制约下展开的，呈现出明显的环境约束特征。

（一）不同领域的改革进展差异较大

教育体制受到经济体制、政治体制和社会历史文化环境的制约。我国的教育体制改革受到经济体制改革的强力推动，因此，与经济体制关系密切的部分改革进展较大，如高校毕业生分配制度改革、办学体制改革、教育财政体制改革与教师培养、聘用和薪酬制度改革。社会主义市场经济体制形成后，高校毕业生作为劳动力要素进入劳动力市场，到20世纪90年代末高校毕业生分配制度已不复存在，改革基本完成。多种经济成分的经济体制，催生了多元办学体制。我国民办学校的数量和学生人数比例，无论是与新兴国家印度和巴西相比，还是与成熟市场经济国家如美国、英国相比，都不算低，办学体制的改革比较成功。教育财政体制作为经济体制的一部分，其核心部分，多渠道教育筹资体制和政府主导的学生资助制度已经基本形成。教师聘用和薪酬制度改革也取得重大进展，教师的培养、聘用和薪酬制度都更加接近劳动力市场，也逐步与国际接轨。

但是，教育体制中与政治体制关系密切的部分，特别是教育行政体制和学校管理体制，改革进展却很缓慢，甚至倒退。尽管多年来一直提出"扩大学校自主权"，"减少政府对学校的行政干预"，但结果是"放了本不该放的权"，如公办中小学的招生权，而"该放的权却没有放"，如高校的校长选聘、专业设置、课程设置、教师岗位配置，使得教育行政化愈发严重。公办学校管理体制改革止步不前、左右摇摆，学生、家长、社会公众无法参与学校管理，学校公共资源被"内部人控制"格局长期不变，学校成为独立于社区的城堡，现代学校制度的建成遥遥无期。

（二）改革主要由党政部门主导

教育体制改革的设计和实施由党政部门主要是教育行政部门主导。三个最重要的教育体制改革文件，都是由教育部牵头起草的。尽管文件起草过程中征求了各个方面的意见，也召开了各种各样的讨论会，但最终的文本主要反映的是党政部门的观点，学术界、社会公众的意见体现得不够充分。更为重要的是，有些教育体制改革文件涉及违反现行法律或者涉及司法解释，但并没有获得立法机关的授权，如义务教育免收学费但收取杂费、教育捐赠免税等。

教育体制改革的实施过程也由党政部门主导。教育体制改革的实施，主要通过党政部门召开会议、印发文件的形式推进，有些改革还有检查监督，只有少数改革措施能通过修改法律的方式成为法律规定，依法实施。这种以会议、文件的形式推进的改革，很多只是在党政部门内部形成一层层的新的会议、文件，形成以会议传达会议、以文件传达文件的会议改革、文件改革现象。由于没有外部力量的监督和法律责任的压力，下级党政部门在传达、执行上级改革会议、文件时，往往选择性传达和执行，甚至加上原本没有的"私货"，以维护本地区、本部门的利益。

例如，2015年修正后的《中华人民共和国义务教育法》明确规定："父母或者其他法定监护人在非户籍所在地工作或者居住的适龄儿童、少年，在其父母或者其他法定监护人工作或者居住地接受义务教育的，当地人民政府应当为其提供平等接受义务教育的条件。"但北京市在其有关外来务工人员子女入学的文件中，规定必须具有父母暂住证、父母居住证明、务工证明、户口地没有监护条件证明、全家户口簿等，经居住所在地街道办事处或者乡镇政府审核确认并开具"在京借读证明"后，才能到公办义务教育学校申请入学。

由党政部门主导的教育体制改革，社会参与不足，社会公众的评价难以充分反馈到体制内,没有形成政府、市场、社会等各类主体共同参与教育体制改革的机制,不利于体制的创新变革。

(三)改革的理论准备不足、目标模式不清晰

我国教育体制改革中,对一些重要改革的理论基础未经充分讨论,部分领域的改革目标模式不清晰。以三个方面为例。其一,公办学校自主权。公办学校应该享有哪些自主权?公办中小学与高校的自主权应该有哪些不同?这些问题并未得到充分的讨论,导致改革中出现学校和政府权力、责任错配,政府越位和错位并存。例如,公办学校招收择校生和拒绝流动儿童入学,与招生权的错配直接相关。在相当长的一个时期内,政府允许公办学校负债建设校舍、改善办学条件,导致部分学校大量举债,难以偿还,最后由政府代为偿还。公办学校债务问题的出现与理论上对公办学校的财务决策权特别是举债的权力认识不清楚有很大关系。

其二,公办学校治理结构的目标模式。公办学校管理体制改革的核心是建立良好的学校治理结构。尽管进入新世纪后,现代学校制度成为研究热点,但什么样的学校制度是现代学校制度?现代学校制度中治理结构的目标模式是什么?现有的讨论、法律法规和政府文件都没有形成清晰的结论。改革的目标模式不清晰,是学校管理体制改革进展缓慢的重要原因。

其三,民办学校是否可以营利。为什么不能以营利为目的举办学校?营利是否就必然否定教育的公益性?有学者认为这一命题不成立。实际上,我国民办学校的举办者,很多以营利为目的并取得了经济利益。为了承认这一事实,调动办学者的积极性,《中华人民共和国民办教育促进法》又允许举办者获得合理回报。而合理回报实质上就是营利所得。之所以会出现法律之间的相互冲突,重要原因是对民办学校的性质认识不清晰,民办教育目标模式不明确。

三、教育体制改革与发展的主要成效

教育体制改革的评价,有不同的视角。从教育体制改革的目标和教育目的维度评价,教育体制改革的主要成效是基本形成了比较合理的多元办学体制、教育筹资体制和学生资助制度,以及教师培养、聘任和薪酬制度,推动了九年义务教育的普及和高等教育大众化的实现,极大地提高了国民的教育水平。

(一)基本形成了多元办学体制

经过多年的改革,民办教育从无到有,不断发展,已经成为我国教育体系

的重要组成部分。我国各级教育民办学校学生的比例已经与美国很接近,与经合组织和G20国家的平均数相比虽然有差距,但不是很大。民办教育的发展,推动了办学体制的改革,改变了改革开放前单一的公办学校办学体制,基本形成了公办、民办并举的多元办学体制。

(二)建立了比较合理的教育筹资体制和学生资助制度

改革开放以来,通过开征教育费附加、依法规定政府教育经费增长、完善家庭成本分担制度等改革,形成了义务教育主要由政府出资、家庭直接负担较低,非义务教育实行政府拨款、家庭交费、社会捐助等多渠道筹资的教育筹资体系。多渠道筹资体系的形成,符合教育的准公共产品属性,也符合国际教育筹资改革的趋势,为教育事业的快速发展提供了必要的资源。

进入新世纪后,由中央政府主导,免除义务教育阶段学生学杂费和书本费,并对家庭经济困难的寄宿生发放生活补贴,完善了高等学校家庭经济困难学生助学贷款和助学金制度,重建了高中阶段助学金制度和中职免学费制度,着手建立学前教育资助制度。经过十几年的努力,已经形成了从学前教育到高等教育全覆盖、主要由中央政府负担经费的学生资助体系。学生资助体系的完善,为家庭经济困难学生提供了大量的助学资金,使相当一部分学生摆脱了因为无力负担教育成本而失学的困境,提高了教育机会的公平性。

(三)形成了新的教师培养、聘用与薪酬制度框架

我国的教师培养体制,从改革开放前的师范院校定向培养制度,到师范院校增量改革(比如设置"非师范专业"弱化师范特性),再到教师培养体系的全面开放,从机构定位转型到教师资格制度要求的知识和能力定位,基本形成了符合教师职业特征、符合国际经验的教师培养体制。

经过多年的改革,教师聘用制度从计划分配的供给决定制度,转变为学校和教师双方在自愿平等的基础上签订合约的聘用制度;教师从"国家工作人员"或"干部",转变为一种专门的社会职业。尽管养老保险等配套改革进展缓慢导致学校很难辞退教师,教师聘用制度改革还是取得了很大进展,逐渐向市场化方向推进,并日益规范化和法治化。

教师薪酬制度的改革,将改革开放前和初期实行的固定工资制度,转变成了既有固定工资又有绩效工资的结构薪酬制度。教师养老保险制度的改革,不仅是完善教师薪酬制度的重大改革,也进一步推进了教师劳动力的市场化。尽管教师薪酬改革存在一些争议,但总体来看,新的教师薪酬制度有利于调动教

师的劳动积极性，有利于学校的微观管理，符合国际上的教师薪酬改革方向。

四、教育体制改革与发展面临的挑战

尽管教育体制改革取得了上述成效，但从教育体制改革的目标和教育目的视角看，还没有形成"有利于调动各级政府、全社会和广大师生员工积极性，提高教育质量、科研水平和办学效益的教育体制"，现行教育体制在提高教育公平、为处境不利的青少年提供平等的教育机会和发展条件等方面，还存在不少问题，需要继续深化改革。

（一）改革政策及决策方式有待改进

决策的民主、科学和法治化，是正确决策和切实执行决策的基本要求。教育体制改革决策的民主、科学和法治化水平不高，是导致有些领域改革进展不尽如人意的重要原因。公共政策过程应当包括"情报—提议—规定—合法化—应用—终止—评估"七个阶段，应当有法定的决策程序，包括行动主体和利益相关者的参与，诸多政策方案的辩论，广泛的咨询、听证，这些过程都应该透明。但是，在教育体制改革的决策中，存在利益相关者参与不足、决策方案缺乏辩论和听证、过程不透明等现象。

有些教育体制改革决策，在创议阶段有较为广泛的讨论、征求意见，但在进入决定阶段时，公众甚至连专业领域的学者都缺乏参与途径，由此做出的决策对公众的需求响应不足。例如，在《国家中长期教育改革和发展规划纲要（2010—2020年）》的制定过程中，学术界提出应该设立相对独立于教育和财政部门的教育拨款委员会，负责政府教育经费的分配，以保证教育经费分配的公开、公正和透明。但在最后的文件上，只提出设立起咨询作用的"教育拨款咨询委员会"。即使是这个教育拨款咨询委员会，在文件发布多年后仍未设立。

（二）需要加强各部门改革举措之间的政策配套

教育体制改革涉及多方面的利益关系，有效实施需要配套的改革。但是有不少教育体制改革，因为没有配套改革而无法推进或效果不彰。比如，《中华人民共和国教育法》规定，学校有招收学生或者其他受教育者的权利。赋予公办学校自主招生的权利，是一项大胆的国际上都很少有的改革。这一改革需要很多的配套改革措施，最基本的是学校治理结构的改革和学校信息公开制度的建立，使招生的规则公平、公正，过程和结果透明，否则，将会引起严重的教育机会不公平和腐败。城市中小学的择校问题，转制中小学的招生乱象，大城市公办中小学拒收进城务工人员子女的违法现象，以及大学招生中的贿赂问题等就是例证。

又如，2000 年以后，各级学校名义上普遍实行了教师聘任制度。但实际上，公办学校并没有实行真正的聘任制度。其原因在于公办学校没有建立教职工养老保险制度，学校用工制度与企业存在很大差异。被辞退的教师到企业就业时，需要补交以前在职年份的养老保险金，才能享受退休金待遇。这对于中老年教师来说，是难以承担的。事实上，现行的学校与教师的劳动关系中，隐含着政府对教师退休后支付退休金的合约，即教师的劳动报酬是由工资和未来的退休金组成的，如果辞退的话，应该将在学校工作期间应得却未得的退休金报酬带走，而 2015 年前的制度却是不允许的。

再如 2004 年，财政部、国家税务总局《关于教育税收政策的通知》提出，纳税人通过中国境内非营利的社会团体、国家机关向教育事业的捐赠，准予在企业所得税和个人所得税前全额扣除。但是，这一通知的规定与《中华人民共和国企业所得税法》和《中华人民共和国个人所得税法》有关捐赠税前扣抵的规定相冲突。《企业所得税法》规定，企业发生的公益性捐赠支出，在年度利润总额 12% 以内的部分，准予在计算应纳税所得额时扣除；《中华人民共和国个人所得税法实施条例》规定，捐赠额未超过纳税义务人申报的应纳税所得额 30% 的部分，可以从其应纳税所得额中扣除。由于政策与法律的冲突，上述对教育捐赠在税前全额扣除的规定没有得到执行。诸如此类关于教育改革不配套的问题在民办学校营利与回报、会计制度应用，以及教育管理体制等其他领域还有不少。

（三）教育体制改革的效果需要评价与问责

党政部门主导的教育体制改革，实施的方式主要是会议与文件，但效果如何，缺少评价，缺少或者虚化了问责机制。一些未能完成的改革，或者产生了负面结果的改革，没有机构或个人负责，多年来也鲜见有机构或个人因为教育改革不力或失败受到过处罚。

教育体制改革中，未能实现改革目标、未能执行法律规定的事项仍存在。中小学乱收费问题在 20 世纪 80 年代末期就已出现，1987 年国家教委就开始发出禁止乱收费的文件，此后教育部和其他中央部委几乎年年发文件，但问题多年后才得到解决。中小学教育中，不同学校之间教育条件和质量差距巨大，导致持续的择校和教育不公平。这些问题长期存在，没有机构或人员出来承担责任，也没有机构或人员因此受到过处罚。

没有机构或人员对教育改革和发展中的问题承担责任，没有机构或人员被问责，并不意味着不需要问责，而是缺乏问责的体制和法制环境。法制不健全，公民个人很难因为教育权益受到损害而对政府提出诉讼，使得党政部门不会因为教育上的不作为、乱作为等违法行为承担法律责任。

（四）教育管理体制改革还有待深化

教育管理体制改革是各项教育体制中进展最为缓慢且最需要深化的改革。教育管理体制改革中，最重要的是调整政府、社会与学校三者的关系，其核心是转变政府职能和简政放权。在教育管理体制改革过程中，政府职能和管理方式没有发生根本性的改变，尚未形成"有限"政府，即规模、职能、权力和行为方式都受到法律明确规定和有效制约的政府。政府管理的行政措施、财政专项和各种工程的实施，反而强化了行政职能，随之衍生出集权化、行政化、管理职能越位、缺位、错位等问题。政府教育管理活动缺少关于职权和实施程序的严格的法律监督机制。教育行政管理部门的有限放权也存在权力的"内部转移"问题，即上一级政府将教育权力下放给地方政府的教育部门，但政府之间、政府与公立学校之间的行政性命令、服从关系却并没有改变。

公办学校管理体制改革也进展不大。在过去几十年的学校管理体制改革中，主要集中于两个方面，一是扩大学校自主权，二是确定学校领导体制。扩大学校自主权，实际上是调整政府与学校的权力分配。由于改革的目标模式不清晰，哪些权力应该由政府行使，哪些权力应该下放给学校，并没有经过广泛的讨论和实验，没有达成共识。在学校治理结构不完善、外部监督和自我约束机制等条件缺失的情况下，学校获得的自主权不一定会带来社会期望的教育效果，学校招生中的乱象和向银行借款的无节制，说明招生权和债务决策权还不能由学校行使。

学校管理体制改革最重要的是建立利益相关者共同参与的治理结构，在这一结构中，除政府外，学生及家长、教师、社会等各方面的利益能得到反映，能参与博弈。但已有的改革，在治理结构方面进展不够理想，学校的活动更多地体现党政部门的意志，其他利益相关者的利益没有得到应有的尊重。

第十章
当代中国教育财政改革与发展

一、教育财政改革与发展的主要举措

二、教育财政改革与发展的主要成效

三、教育财政改革与发展的问题及对策

教育财政改革是财政体制改革的一部分，也是教育体制改革的重要内容。教育财政改革的主要内容有教育筹资体制改革、各级政府教育经费分担体制改革和学生资助制度改革。本章主要对我国教育财政改革的进展进行描述，对改革的成就和问题进行评价与分析。

一、教育财政改革与发展的主要举措

我国的教育财政改革，是在市场取向的经济体制改革、重构政府职能的财政体制改革的背景下展开的。到 2010 年《国家中长期教育改革和发展规划纲要 2010—2020 年》（简称《教育规划纲要》）发布时，基本形成了目前的教育财政体制框架。2010 年以来，在教育经费筹集、各级政府教育经费分担和学生资助等方面，出台了一些新的改革措施，进一步完善了教育财政体制。

（一）教育筹资体制

教育筹资改革的主基调是开辟多元筹资渠道，增加家庭的教育经费分担，提高财政教育支出比例。从 20 世纪 80 年代初期开始，国家出台了一系列增加教育经费的改革举措。比如，开征教育费附加。1984 年，为了增加农村普及小学教育的经费来源，《国务院关于筹措农村学校办学经费的通知》规定在农村征收教育事业费附加，征收的对象是农民收入和乡镇企业收入。1985 年，《中共中央关于教育体制改革的决定》将教育费附加扩展到城市，在产品税、增值税和营业税的纳税额基础上计征，征收率为 3%。1993 年，因应分税制改革和增加教育经费的需要，修改城市教育费附加的规定，将其修改为在消费税、增值税和营业税纳税额的基础上征收。

又如，国家推行教育集资。在普及义务教育过程中，中央和地方政府鼓励教育集资作为解决农村危房改造和新建校舍的重要资金来源。1991 年，中央还在山东省召开农村教育集资现场会，向全国推广山东省的教育集资经验。另一个改革举措就是，推进家庭成本分担，扩展学费制度。在保留改革开放前就存在的基础教育学杂费基础上，建立高等学校学费制度，增加家庭教育经费投入，提高家庭教育成本分担水平。

与此同时，国家还以法规形式要求政府增加教育投入。《中共中央关于教育体制改革的决定》提出："中央和地方政府的教育拨款的增长要高于财政经常性收入的增长，并使按在校学生人数平均的教育费用逐步增长。"这是第一次在中央文件中提出政府要增加教育投入，并保持教育经费增长的指标，即影响此后几十年的"两个增长"。1986 年颁布的《中华人民共和国义务教育法》规定："国家用于义务教育的财政拨款的增长比例，应当高于财政经常性收入的增长比例，并使按在校学生人数平均的教育费用逐步增长。"这是以国家法律的形式规定了政府承担教育经费投入的责任。

1993 年，中共中央、国务院发布的《中国教育改革和发展纲要》，1996 年颁布的《中华人民共和国教育法》再次强调了政府进行教育投入的责任。《中华人民共和国教育法》除了重申前述"两个增长"外，增加了"保证教师工资和学生人均公用经费逐步增长"的要求，形成了财政性教育经费"四个增长"的规定。《中国教育改革和发展纲要》还提出了国家财政性教育经费支出的两个更为重要的目标。一是占国民生产总值的比例应逐步提高，2000 年达到 4%；另一个是各级财政支出总额中教育经费所占比例应逐步提高，要求在"八五"（1991—1995 年）期间全国平均达到 15%。

为了实现《教育规划纲要》提出的 2012 年国家财政性教育经费占国内生产总值比例 4% 的目标，国务院在 2011 年发布了《关于进一步加大财政教育投入的意见》，提出在以下两个方面增加财政教育投入：其一，落实法定增长要求，提高财政教育支出占公共财政支出比重。具体措施是：各级政府严格按照《中华人民共和国教育法》等法律法规的规定，保证财政教育支出增长幅度明显高于财政经常性收入增长幅度；各级政府优化财政支出结构，新增财力要着力向教育倾斜，优先保障教育支出，切实做到 2011 年、2012 年财政教育支出占公共财政支出的比重都有明显提高；提高预算内基建投资用于教育的比重。

其二，拓宽经费来源渠道，多方筹集财政性教育经费。具体措施是：统一内资、外资企业和个人教育费附加制度，内、外资企业和个人城市维护建设税和教育费附加制度，教育费附加统一按增值税、消费税、营业税实际缴纳税额的 3% 征收，取消对外资企业教育费附加的优惠；各省（自治区、直辖市）政府全面开征地方教育费附加。地方教育费附加统一按增值税、消费税、营业税实际缴纳税额的 2% 征收，从土地出让收益中按比例计提教育资金。从 2011 年 1 月 1 日起，各地区要从当年土地出让收入中，按照扣除征地和拆迁补偿、土地开发等支出后余额 10% 的比例，计提教育资金。

上述这份 2011 年发布的国务院文件，从制度上扩展了财政性教育经费的来源，促使各级政府大大增加教育投入。到 2012 年，财政性教育经费达到了 GDP 的 4%，此后几年一直稳定在 4% 以上，长期以来教育投入不足的状况得到了根本性的好转。

2015 年修正后的《中华人民共和国教育法》仍然保留了之前的法律条款，

即"各级人民政府教育财政拨款的增长应当高于财政经常性收入的增长,并使按在校学生人数平均的教育费用逐步增长,保证教师工资和学生人均公用经费逐步增长";"国家财政性教育经费支出占国民生产总值的比例应当随着国民经济的发展和财政收入的增长逐步提高"。这表明,各级政府教育投入还要依法与财政收支挂钩增长。

(二) 各级政府教育经费分担体制

改革开放前,我国实行"统收统支"的中央集权财政体制,实际上由中央政府承担各级各类教育的最终财政责任。改革开放初期实行的财政体制改革,划分了中央和地方各级政府的收入与支出责任,教育经费的支出责任由中央向下级转移。1980年,国务院发布的《关于实行"划分收支、分级包干"财政管理体制的暂行规定》,确定了各级政府负担本级所举办教育的财政责任的体制,即"谁办学谁负担"的体制。该体制的基本特征是:高等教育财政责任主要由中央和省级政府承担,中等教育财政责任主要由区、县政府承担,农村初等教育财政责任主要由乡镇政府承担,城市初等教育主要由区级政府承担。此后,尽管经过多次财政体制改革,包括1994年的分税制改革,直到21世纪初,各级政府在教育财政方面的责任分担体制没有重大变化。

1994年的分税制改革,使得中央政府分配到的财政收入比例大大提高,但地方各级政府的教育支出责任却没有得到相应调整,造成了区、县及以下地方政府难以负担教育经费的状况。在这一背景下,中央和省级政府开始加大教育财政转移支付,逐渐提高教育经费分担比例。在实施这种教育财政"转移支付"制度的同时,中央政府在义务教育领域还实行了经费负担"责任上移"的改革。比如,1995年至2005年,中央政府通过启动"贫困地区义务教育工程",开启了义务教育经费负担责任上移的改革。2000年以来,国家在相关领域采取一系列的改革举措,使得教育财政责任显著上移。

2000年开始推进农村税费改革,其重要内容之一是"取消农村教育费附加"和"教育集资"。为了不因税费改革减少基层政府财力,中央和省级政府实施了农村税费改革转移支付,其中教育资金转移支付是主要部分。2001年《国务院关于基础教育改革与发展的决定》提出,农村义务教育"实行在国务院领导下,由地方政府负责、分级管理、以县为主的体制"。要求中央和省级政府通过转移支付,加大对贫困地区和少数民族地区义务教育的扶持力度;省级和地(市)级政府安排对下级转移支付资金时要保证农村义务教育发展的需要。2003年,《国务院关于进一步加强农村教育工作的决定》提出,中央、省和地(市)

级政府要通过增加转移支付,增强财政困难县义务教育经费的保障能力。2005年,《国务院关于深化农村义务教育经费保障机制改革的通知》,决定2006年开始,在农村实施免费义务教育,提高公用经费和校舍维修改造经费水平,所需经费由中央和地方政府分项目按比例分担。

2007年,中央政府主导建立和完善了各级教育学生资助制度,承担了学生资助资金的主要部分,大大增加了学生资助支出。2010年以来,中央和省级政府进一步加大教育转移支付力度,承担更大的教育财政责任。2010年,中央政府启动对地方高等教育投入项目,对地方高校化解债务提供资金支持,改变了以前中央政府不承担地方高校经费责任的惯例。

2015年,《国务院关于进一步完善城乡义务教育经费保障机制的通知》,完善义务教育经费分担政策。从2016年开始,整合农村义务教育经费保障机制和城市义务教育奖补政策,建立统一的中央和地方分项目、按比例分担的城乡义务教育经费保障机制。具体政策包括:免费教科书资金,国家规定课程由中央政府全额承担,地方课程由地方政府承担;家庭经济困难寄宿生生活费补助资金由中央和地方按照5∶5比例分担;公用经费基准定额所需资金由中央和地方按比例分担,西部地区及中部地区比照实施西部大开发政策的县(市、区)为8∶2,中部其他地区为6∶4,东部地区为5∶5;中西部农村地区公办义务教育学校校舍安全保障机制所需资金由中央和地方按照5∶5比例分担;对东部农村地区,中央继续采取"以奖代补"方式,给予适当奖励;中央继续对中西部地区及东部部分地区义务教育教师工资经费给予支持,省级人民政府加大对本行政区域内财力薄弱地区的转移支付力度。

教育财政责任上移的改革,使中央政府和省级支出的教育经费大幅度增加,占全部财政性教育经费的比例有较大幅度的提高。2016年,《国务院关于推进中央与地方财政事权和支出责任划分改革的指导意见》发布,将义务教育和高等教育确定为中央和地方共同财政事权,共同承担支出责任。可以确信,随着中央与地方、地方各级政府之间教育事权和支出责任划分改革的推进,中央和省级政府承担的教育财政责任将进一步增大。

(三)完善学生资助制度

改革开放后到20世纪末,我国学生资助体系并不完备。2000年前后,家庭教育经费负担达到了最高水平。沉重的教育经费负担,导致大量农村儿童辍学,严重制约了义务教育的普及。高校扩招后学费水平的快速提高,使一部分家庭特别是农村家庭难以负担大学教育的成本。进入21世纪后,我国经济快速发展，财政收入高速增长，为增加政府教育投入、减轻家庭教育负担提供了可能。在这种教育和财政背景下，政府开始进行减轻家庭教育负担、完善学生资助制度的改革。

其一，实行免费义务教育。2001年，《国务院关于基础教育改革与发展的决定》提出，各级政府要完善并落实中小学助学金制度，从2001年开始，对贫困地区家庭经济困难的中小学生进行免费提供教科书制度的试点，采取减免杂费、书本费、寄宿费等办法减轻家庭经济困难学生的负担，开始了义务教育"两免一补"（"免杂费""免书本费""补助生活困难的寄宿生生活费"）改革。2003年，《国务院关于进一步加强农村教育工作的决定》提出，到2007年，争取全国农村义务教育阶段家庭经济困难学生都能享受到"两免一补"，努力做到不让学生因家庭经济困难而失学。2006年开始实施的农村义务教育经费保障机制改革，其中的重要内容是"免除农村义务教育学生学杂费、书本费，为家庭经济困难寄宿生提供生活补助，所需经费由中央和地方政府分担"。到2007年，全国农村义务教育阶段学生全部免除了学杂费和书本费，实现了农村的免费义务教育。2007年后，对家庭经济困难学生提供生活补助的覆盖面和资助金额有很大提高。2008年秋季学期开始，全部免除城市义务教育阶段公办学校学生学杂费，城市也开始实施免费义务教育，免费义务教育制度基本形成。

其二，完善非义务教育阶段学生资助制度。随着高校学费制度的建立，特别是扩招后学费大幅度提高，越来越多贫困家庭在供养子女上大学方面面临经济困难。为帮助家庭经济困难学生完成学业，中央政府完善了高校学生资助制度。1999年，国务院转发中国人民银行、教育部、财政部《关于国家助学贷款的管理规定（试行）》，建立了高校学生国家助学贷款制度。此后，国家助学贷款制度逐步改进，成为高校学生资助资金的主要来源。2000年开始，高校建立"绿色通道"制度，对家庭经济困难新生先办理入学手续，入学后再根据家庭经济情况采取相应的资助措施。

2007年，《国务院关于建立健全普通本科高校高等职业学校和中等职业学校家庭经济困难学生资助政策体系的意见》发布，大幅度增加高校国家助学金的资助覆盖面，使之成为与国家助学贷款并重的资助资金来源。同时，改进国家奖学金等制度，形成了比较完善的高校学生资助体系。除高等学校学生资助制度外，其他非义务教育学生资助制度也陆续建立。自2007年起，在中央政府的主导下，建立和完善了中等职业教育资助制度，逐步实现对农村学生、城市涉农专业学生和家庭经济困难学生免除学费，对家庭经济困难学生和涉农专业学生提供助学金。

2010年以来，学生资助制度进一步完善。2010年，《财政部 教育部关于建立普通高中家庭经济困难学生国家资助制度的意见》发布，建立以政府为主导、国家助学金为主体、学校减免学费等为补充、社会力量积极参与的普通高中家庭经济困难学生资助政策体系，为占全国普通高中在校生总数20%的家庭经济困难学生提供国家助学金，所需资金由中央和地方政府共同负担。2011年，《财政部 教育部关于建立学前教育资助制度的意见》发布，要求各地从2011年秋季开始建立学前教育资助制度，所需资金以地方负担为主，中央政府对地方进行奖励补助。2015年，《教育部 财政部 中国人民银行 银监会关于完善国家助学贷款政策的若干意见》发布，在以下几个方面完善了高校助学贷款：在校期间利息全部由财政补贴，大幅度延长高校学生贷款偿还年限，还本宽限期延长至3年，对无力还款的毕业生建立还款救助机制。

2016年，教育部和财政部发布《关于免除普通高中建档立卡家庭经济困难学生学杂费的意见》，从2016年秋季学期起，免除公办普通高中建档立卡等家庭经济困难学生（含非建档立卡的家庭经济困难残疾学生和经济困难残疾人家庭的学生、农村低保家庭学生、农村特困救助供养学生）学杂费①。免学杂费标准按照各省级人民政府及其价格、财政主管部门批准的学费标准执行（不含住宿费）。对在政府教育行政管理部门依法批准的民办普通高中就读的符合免学杂费政策条件的学生，按照当地同类型公办普通高中免除学杂费标准给予补助。民办学校学杂费标准高于补助的部分，学校可以按规定继续向学生收取。免学杂费补助资金由中央与地方按比例分担。其中，西部地区为8∶2，中部地区为6∶4；东部地区除直辖市外，按照财力状况分省确定。

随着学生资助制度的完善，我国学生资助政策体系在制度上实现了所有学段全覆盖，实现了公办与民办学校全覆盖，实现了家庭经济困难学生全覆盖。各级教育资助面逐渐扩展，资助力度逐渐加大。具体表现为：到2016年，高校国家助学贷款还款期限延长至学制加13年、最长不超过20年，还本宽限期由2年延长至3年整，继续攻读学位和因病休学期间实行财政贴息；普通高中和中等职业学校国家助学金资助标准从每生每年1 500元提高到每生每年2 000元；中职免学费范围不断扩大，全国已有17个省份实现中职学生全部免学费；义务教育寄宿生生活补助政策更加完善。上海等省份进一步扩大义务教育寄宿生生活补助政策范围，将政策覆盖范围扩大至非寄宿家庭经济困难学生或全部寄宿

---

① 建档立卡家庭经济困难学生是指符合国务院扶贫办发布的《扶贫开发建档立卡工作方案》相关规定，在全国扶贫开发信息系统中建立电子信息档案，持有《扶贫手册》的普通高中学生。

生,云南等省份在国家补助标准基础上,进一步提高标准,加大资助力度。

二、教育财政改革与发展的主要成效

教育财政改革的主要成效表现在教育筹资体系和学生资助体系更加完善、教育经费充足性有较大提高、部分领域教育财政公平水平有所提高等方面。

(一) 形成了较为合理的多渠道教育筹资体系

改革开放前,我国基础教育筹资体系存在农村和城市的双轨制。虽然城乡家庭都需要交纳少量的学杂费,但农村以农民集体和家庭负担为主,城市以政府负担为主。接受高等教育和中等专业教育的学生,其家庭不仅不需要交纳学杂费,还普遍享受较高水平的助学金,教育经费几乎全部来自政府拨款。

改革开放初期,教育经费极度短缺,教育财政改革的主要目标是建立多渠道教育经费筹措体制,增加教育经费。40多年的改革,经历了大力开辟教育筹资渠道、家庭负担教育经费比例不断增加的时期,也经历了2000年后开始实行免费义务教育、政府教育经费负担比例回升、家庭教育经费比例逐渐降低的时期。到目前,形成了义务教育由政府主渠道出资、家庭直接负担较低,非义务教育实行政府拨款、家庭交费、社会捐助等多渠道筹资的教育筹资体系。目前在我国建成的这种多渠道筹资体系,比较符合教育的准公共产品属性,为我国教育事业的快速发展提供了必要的资源,也符合国际教育筹资改革的趋势。

(二) 建立了比较完善的学生资助体系

在市场力量增强的时期,因政府资助资金削减,整个教育系统经费紧张,学生资助体系不完善。1999年以来,由中央政府主导,逐渐完善了高等教育的国家助学贷款和助学金制度,免除义务教育学生的学杂费和书本费,并对家庭经济困难寄宿生发放生活补贴,重建了高中阶段助学金制度和中职免学费制度。经过多年的努力,目前已经形成了从学前教育到高等教育全覆盖、主要由中央政府负担经费的学生资助体系。2015年,全国累计资助学前教育、义务教育、中职学校、普通高中和普通高校学生(幼儿)8 433.31万人次(不包括义务教育免费教科书和营养膳食补助);累计资助金额1 560.25亿元,比上年增加138.97亿元。

（三）教育经费充足性有较大提高

改变教育经费短缺状况，提高教育经费的充足水平，是教育财政改革的出发点，也是教育财政体制改善的标志之一。在改革初期，由于政府财政紧张，加上地方政府财政支出偏好于经济领域，政府在教育领域的投入增长较为缓慢。多渠道筹资体制的形成，特别是学杂费制度的建立和扩展，为教育提供了更多经费，弥补了政府教育经费增长缓慢对教育可能造成的不利影响。2000 年后，特别是 2005 年后，随着教育财政责任的上移和中央政府财力大幅度提升，中央政府教育经费投入有较大幅度的增加。2010 年前后，中央政府教育经费投入急剧增加，2012 年财政性教育经费实际达到了国内生产总值的 4.28%。

改革开放以来，各级教育生均经费总体上持续提高。其中，义务教育领域生均经费于 2004 年后快速提高，普通高中则在 2000 年后几年和近年提高较快。高等教育领域则经历了两次生均经费下降的时期，第一次是 1990 年前后六年期间，另一次是 1999 年下半年扩招后的六年内。2013 年，小学、初中、普通高中和高校按不变价格计算的生均经费，分别是 2000 年的 7.7 倍、6.9 倍、2.9 倍和 1.2 倍。尽管各级教育生均经费的提高很大程度上是我国经济增长、财政收支持续高速扩张的结果，但多渠道教育筹资体制的形成、各级政府教育经费分担体制的改革也产生了积极的作用。还应指出的是，各级教育生均经费的持续提高，是在义务教育普及、高等教育迅速大众化的教育大发展过程中实现的，这些都为今后教育的持续稳定发展奠定了稳固的基础。

（四）部分领域教育财政公平水平有所提高

教育财政公平既是教育财政改革的目标，同时也是评价教育财政体制改革成效的重要维度。改革开放前，我国存在城乡之间的教育财政严重不公平，但在城市和农村内部，地区之间、学校之间和各阶层之间教育财政相对公平。

在市场力量增强的改革时期，教育财政公平的总体状况有待改善。不仅城乡之间的教育财政不公平没有改善，地区之间、学校之间和阶层之间生均教育经费水平差距急剧扩大[1]。2000 年后，随着政府教育投入的增加和经费分担责任的上移，特别是 2005 年后农村义务教育经费保障机制的建立、学生资助体系

---

[1] 袁连生. 20 世纪 90 年代后半期的教育财政制度//2001 年中国教育发展报告：90 年代后半期的教育财政与财政制度. 北京：北京师范大学出版社，2002：18—27.

的完善，城乡之间、各个省份之间教育经费差距在缩小①，家庭经济困难学生的教育机会比之前更有保障②，这些领域的教育财政公平水平有所提高。

三、教育财政改革与发展的问题及对策

尽管教育财政改革取得了显著成效，但现行教育财政体制还存在比较严重的问题。这些问题主要体现在政府间教育经费分担重心偏下、公共教育经费分配以行政力量为主导、学生资助体系还不完善、教育投入和使用的问责制度缺失等方面。

（一）各级政府教育经费分担有欠公平

尽管 2000 年后中央和省级政府分担的教育经费比例有所提高，但区、县及以下地方政府依然是基础教育经费的主要负担者。由于政府财政支出公共信息缺乏，无法获得各级政府分担教育经费比例的准确数据。笔者等曾根据财政部门的统计数据估计过 2007 年全国各级政府教育支出占全部政府教育经费的比例。其中，区、县及以下政府占 60%，地市级政府占 12%，省级占 13%，中央政府占 15%。因为县级政府主要负担基础教育经费，中央和省级政府主要负担高等教育经费，由此可以推断，区、县及以下地方政府负担的财政性基础教育经费比例在 70% 以上。

纵向上财政收入分配的不均衡性，使区、县及以下地方政府财力远远不如上级政府充足，相当一部分区、县无力承担基础教育财政责任，这是教育经费投入不足的主要原因。我国疆域辽阔，地区之间自然条件和社会经济发展水平差异巨大，区、县之间，包括同一省份内的区、县之间，财政状况与承担基础教育财政责任的能力也存在很大差异，存在显著的财政横向不平衡。在这种既定的财政纵向和横向上均严重不平衡的状况下，由区、县及以下政府承担主要基础教育财政责任，如果没有非常科学、公平和透明的转移支付制度，必然导致区、县之间基础教育财政出现严重的不公平。以广东省为例，2010 年当地小学生均预算内教育经费最高的 10 个区县中，最低水平是 10 230 元；最低水平

---

① 宗晓华，丁建福. 中国义务教育财政制度变革与城乡差：基于 1999—2009 年省级面板数据的实证分析. 教育发展研究，2013 (11).

② 杨钋. 高校学生资助影响因素的多水平分析. 教育学报，2009 (6)；罗朴尚，宋映泉，魏建国. 中国现行高校学生资助政策评估. 北京大学教育评论，2011 (1).

的 10 个区县中，最高水平是 1 623 元①。省内区、县之间教育经费差异如此之大，这种现实不仅存在于广东，而且普遍存在于绝大多数其他省份。

造成省内区、县之间教育经费巨大差异的体制根源，在于多年来我国实行以区、县为主的基础教育经费分担制度。要真正推进"公共教育均等化"和义务教育"均衡发展"，就必须改革这种不合理的以区、县为主的基础教育经费分担制度。

（二）政府教育经费分配制度还不太合理

政府教育经费分配，主要是上级政府对下级政府进行教育转移支付资金的分配、财政教育经费向学校的分配，以及财政教育经费对学生的分配。公平合理的教育经费分配制度，应该是科学、公开、透明的公式化分配，应该有助于提高教育财政公平、充足和效率。虽然经过多年的改革，但现行的政府教育经费分配制度还存在一些缺陷，最主要的是不够公开透明、没有最大限度按分配公式进行分配。

上级政府教育财政转移支付资金分配透明度有待进一步提高。2013 年前，无论是中央政府还是省级政府，对大量教育转移支付资金的分配，都不够公开透明。以中央政府为例，根据 2012 年中央公共财政支出决算表，当年中央教育转移支付资金达 2 752.45 亿元。但是这些资金如何分配、各个地区分配到了多少，财政部没有给出说明和数据，公众甚至研究人员都无法知晓，更谈不上对这些资金使用效果的评价和问责。2013 年以来，中央政府公布了包括教育经费在内的转移支付在各省份的分配情况，透明度有很大提高。但部分省级和地市级政府对包括教育经费在内的转移支付资金的分配状况还没有完全公开，教育转移支付分配还不够透明。

政府对学校分配教育经费的客观性、公开性有待进一步提高。政府对高等教育与基础教育经费分配方式有所不同。对高等教育经费的分配，改革初期采用"综合定额加专项补助"，预算改革后采用"基本支出预算加项目支出预算"。现行分配方式下，项目预算经费比例过高，没有客观标准，分配的过程和结果不够公开透明，学校之间差异很大。基础教育经费分配中，财政负担的人员经费过去和现在都是由政府直接支付给个人，不分配到学校。各个学校人员经费占用的多少，由实际使用的教师数量和结构决定，优质重点学校由于教师数量足、学历和职称结构高而占用更多的人员经费。基础教育公用经费的分配一般

---

① 根据笔者调研中获得的数据计算。

按学生定额，相对公平。但是，近年来随着项目经费的增多，基础教育项目经费分配不公平问题也日益严重。

政府教育经费对学生的分配欠公平。政府教育经费对学生的分配有间接分配和直接分配两种方式。间接分配是对学校的分配，学校将分配到的政府教育经费用于学生的教育教学。直接分配是将政府教育经费分配到学生或家长手中。绝大部分政府教育经费是间接分配的，只有学生资助资金等小部分经费属于直接分配。现行政府对学生分配教育经费欠公平，主要表现为两个方面：一是在对学校的分配中，一般只有公办学校能获得政府的教育经费，民办学校很少能分配到政府教育经费，在民办学校就读的学生难以享受政府教育经费；二是对学生的直接分配中，民办学校的学生也不能与公办学校的学生一样得到同等对待。如在国家助学金、国家助学贷款的分配中，民办学校学生的机会就低于公办学校的学生。特别是一些家庭经济困难的流动儿童，难以进入城市公办学校或合格的民办学校，只能在没有注册的所谓"黑校""黑园"就学，最需要得到政府教育经费的资助，但实际上很难沐浴到公共教育经费的阳光[①]。

（三）城市新居民子女义务教育经费保障机制还未形成

20 世纪 90 年代以来，我国进入了大规模城市化时期。大量的农村劳动力进入城市就业居住，成为城市新居民。进入城市的新居民，相当一部分是举家移民到城市，还有相当一部分新居民在城市结婚生育，由此产生大量的学龄儿童。2015 年，全国义务教育阶段在校生中进城务工人员随迁子女有 1 367.10 万人。

在城市化进程中，居民服务管理制度的改革滞后。新移居城市的居民，绝大多数不能获得所居住城市的户籍，只能以流动人口的身份在城市工作和生活。而城市公共服务的提供，特别是教育、社保等公共服务，是依附于户籍之上的。没有户籍，城市新居民的子女很难享受到与户籍居民子女同等的免费义务教育。

为了解决城市新居民子女在城市接受义务教育的问题，2003 年，国务院办公厅转发了教育部、中央编办、公安部、发展改革委、财政部、劳动保障部制定的《关于进一步做好进城务工就业农民子女义务教育工作的意见》，提出"建立进城务工就业农民子女接受义务教育的经费筹措保障机制"。2018 年修正的《中华人民共和国义务教育法》规定："父母或者其他法定监护人在非户籍所在地工作或者居住的适龄儿童、少年，在其父母或者其他法定监护人工作或者居

---

① 袁连生. 农民工子女义务教育经费负担政策的理论、实践与改革. 教育与经济，2010（1）.

住地接受义务教育的,当地人民政府应当为其提供平等接受义务教育的条件。"

尽管经过多年的推动,城市新居民子女的义务教育有了改善,但还有相当一部分不能进入公办学校接受义务教育,甚至有相当一部分还在没有注册的不合格学校上学。进入城市公办学校的新居民子女,有不少人要交纳各种名目的费用。在多数城市,未能进入公办学校的新居民子女,要交纳不菲的学杂费进入民办学校接受义务教育。新居民子女义务教育经费保障机制还没有形成,免费义务教育的阳光还没有普照到最需要阳光的弱势儿童身上。

参考文献

陈艳君. 流动儿童心理健康研究述评. 南京人口管理干部学院学报，2012 (7).

邓小平. 邓小平文选：第2卷. 2版. 北京：人民出版社，1994.

邓小平. 邓小平论教育. 北京：人民教育出版社，1995.

冯建军. 改革开放四十年中国德育的转型发展. 南京社会科学，2018 (4)：143.

冯晓霞，周兢. 构筑国家财富：联合国教科文组织首届世界幼儿保育和教育大会简介. 学前教育研究，2011 (1).

高丙成. 数说学前教育改革开放四十年. 学前教育，2018 (12).

华东师范大学小学综合实验组. 未来小学教育探索：低年级教育实验报告集. 上海：华东师范大学出版社，1986.

何东昌. 中华人民共和国重要教育文献（1949—1997）. 海口：海南出版社，1998.

黄胜梅，张爱群，蔡迎旗. 农村幼儿教师流动意向的调查研究：基于安徽省的调查. 淮南师范学院学报，2012 (5).

黄小莲，刘力. 我们需要怎样的课程改革：兼评《"新课程理念""概念重建运动"与学习凯洛夫教育学》. 课程·教材·教法，2009 (7).

李秉德. 教学论. 北京：人民教育出版社，1991.

吕立杰. 国家课程设计过程研究. 北京：教育科学出版社，2008.

彭泽平. 变革与反思：改革开放以来我国基础教育课程改革研究. 北京：中国文史出版社，2005.

祁占勇，杨宁宁. 改革开放四十年我国义务教育政策的发展演变与未来展望. 教育科学研究，2018 (12).

全国妇联儿童工作部. 农村留守流动儿童状况调查报告. 北京：社会科学文献出版社，2011.

杨九俊. 中国基础教育课程改革推进研究. 南京：江苏教育出版社，2012.

袁连生. 2001年中国教育发展报告：90年代后半期的教育财政与财政制

度.北京:北京师范大学出版社,2002.

曾晓东,周惠.实现"政府主导",防止"挤出效应".幼儿教育(教育科学版),2010(10).

中央教育科学研究所.中华人民共和国教育大事记.北京:教育科学出版社,1983.

钟启泉,崔允漷.新课程的理念与创新:师范生读本.2版.北京:高等教育出版社,2008.

钟启泉,崔允漷,张华.为了中华民族的复兴,为了每位学生的发展:《基础教育课程改革纲要(试行)》解读.上海:华东师范大学出版社,2001.

朱永新.光荣与梦想:中国基础教育四十年.中国教育报,2018-11-29.

朱小蔓.对策与建议:2003—2004年度教育热点难点问题分析.北京:教育科学出版社,2004.

后 记

《当代中国教育：走在建设教育强国的路上》是一本综合记录中国教育改革和发展的奋斗历程和辉煌成就的读物。它以全景透视的方式，追踪中国当代教育事业发展的步伐，记叙不同历史阶段教育领域的重大改革举措，阐述这些改革举措背后的社会理念。

为了确保本书质量，我邀请了南京师范大学特聘教授项贤明先生担任副主编，协助我工作。同时，邀请获得国家图书奖《中国教育改革大系》的分卷主编分工撰写。最后由我统稿成书。本书各章的撰稿人分别是：前言，朱永新；第一章，冯晓霞、生兆欣；第二章，丁念金、生兆欣；第三章，陈浩、王聪；第四章，周凤华、许竞；第五章，胡卫；第六章，杨九诠；第七章，张荣伟、王聪、许竞；第八章，李学农、生兆欣；第九章，袁连生、许竞；第十章，袁连生、王聪。

40多年的教育改革和发展，内容极其丰富。我们深知这项工作的难度极大，特别是在力求全面概述的同时很难兼顾深度。即便是历史概述，要在有限的篇幅里全面展示如此宏大的画卷，尽管我们努力尝试扣住改革开放进程中那些最重要的历史脉动，但仍旧难免挂一漏万。希望读者诸君不吝赐教！

朱永新

2020年8月12日

图书在版编目（CIP）数据

当代中国教育：走在建设教育强国的路上/朱永新主编．--北京：中国人民大学出版社，2021.5
（当代中国教育改革与创新书系/朱永新总主编）
ISBN 978-7-300-29408-7

Ⅰ.①当… Ⅱ.①朱… Ⅲ.①教育事业－中国－现代 Ⅳ.①G52

中国版本图书馆CIP数据核字（2021）第100140号

国家出版基金项目
当代中国教育改革与创新书系
总主编 朱永新

当代中国教育
走在建设教育强国的路上
朱永新　主编
项贤明　副主编
Dangdai Zhongguo Jiaoyu

出版发行	中国人民大学出版社			
社　　址	北京中关村大街31号		邮政编码	100080
电　　话	010-62511242（总编室）		010-62511770（质管部）	
	010-82501766（邮购部）		010-62514148（门市部）	
	010-62515195（发行公司）		010-62515275（盗版举报）	
网　　址	http://www.crup.com.cn			
经　　销	新华书店			
印　　刷	天津中印联印务有限公司			
规　　格	170 mm×240 mm　16开本		版　次	2021年5月第1版
印　　张	13 插页1		印　次	2021年5月第1次印刷
字　　数	231 000		定　价	54.00元

版权所有　侵权必究　印装差错　负责调换